中华优秀传统文化是什么

儒家
第一课

高路 著

中国国际广播出版社

"中华优秀传统文化是什么"丛书总序

——传统文化与人性哲学

高　路

　　在深入学习领会《关于实施中华优秀传统文化传承发展工程的意见》精神的基础上，中国国际广播出版社策划编撰"中华优秀传统文化是什么"丛书。第一批推出四册，分别是《儒家第一课》《道家第一课》《法家第一课》《孝道第一课》，侧重于阐发中华优秀传统文化精髓；其后将陆续推出富于传统文化内涵的礼制、家谱、戏曲、国画、中医等方面的其他著述，为"汲取中国智慧、弘扬中国精神、传播中国价值，不断增强中华优秀传统文化的生命力和影响力，创造中华文化新辉煌"做出实际努力。

　　中华优秀传统文化的精髓在哪里？在中国哲学。中国哲学的精髓在哪里？在人性论。正因为我们的文化站立在人性哲学的基石上，形象地说是从人性之根长成的参天巨木，才千年不枯、不折、不倒，也才能在新时代的春天里萌发满枝新绿，而其他文明古木则无一不遭到毁弃，变成荒漠中供人凭吊的化石。

　　儒、道、法三大家对人性各有各的见解。儒家立足于人性善，从中引发出一系列道德原则和规范，用以教化人，建构和谐的人生、家庭和社会。道家立足于自然天性，倡导天人合一的人生境界，顺应生命的自然而然过程。法家立足于人性恶，诉诸严刑峻法，走向国家主义，以建立大一统强权为奋斗目标。

儒家建立和经营伦理道德体系，固然是为了规范行为、调整关系，更是为了把人塑造成符合人的理念的人。这在孔子那里叫作"成人"，即成为人。子路问怎样才能成人，孔子搬出四个人，要他学习臧武仲的知、公绰的廉、卞庄子的勇、冉求的才，再以礼乐进行修饰，说这样差不多可以算是"成人"了（见《论语·宪问》）。同样的问题孔子也回答过颜回（见《说苑·辨物》）。孔子这里是因材施教，针对子路的情况提出具体措施，如果扩大到所有人，那就不仅仅是这几条了，而适用于所有规范。儒家的礼乐文化实质上是为"成人"服务的，体现的是以人为本。显然孔子心目中存在着一种关于人的认识，它高于现实，代表着人的发展方向，是人的价值的终极目标，人之所以为人就在于他处在向这一目标行进的位置上。由此可以说儒家致力的是"造人"工程。

孔子的这一思想我们在马克思那里也能看到，谓之"人的生成"，也就是向着全面的人的生长。马克思指出，共产主义是"人以一种全面的方式，也就是说，作为一个完整的人，占有自己的全面的本质"（马克思《1844经济学哲学手稿》）。全面的本质其实就是人的理念，历史从根本上说是人的建构过程。

"成人"是从本质上表达人，代表人的原型，要知道我们从哪里来到哪里去，看看"成人"就清楚了——"成人"是本原，构成了我们的出发点；"成人"是终极目标，构成了我们的归宿地。

　　道家正好相反，是以儒家对立面的姿态登上文化思想舞台的。老子的宇宙在本质上是一个虚无的世界，无针对的是有，有指的是儒家那套伦理道德、礼乐制度，世界本来没有这些东西，最初是纯粹的自然，也就是无，这才是本原。统治者（庄子说的圣王、圣人）不甘寂寞，发明出道德、制度和物质文明，强加给世界和人类。你不接受，他就撸胳膊挽袖子强拉硬拽地迫你站队。为了有效推行这套东西，统治者实行重奖，谁做得好就升谁的官、发他的财，结果老实巴交的汉子变成满肚子心机、损公肥私的名利之徒，毁了世界也害了人类。

　　在道家看来，这一套有害无益，纯属多余，就像人在五根手指之外又多长出一根，完全是累赘，很不正常。怎么办？出路只有一个，那就是把这根手指去掉，回到自然天性，重返虚无。宏观治理上这叫人效法地、地效法天、天效法道、道效法自然（见《老子·第二十五章》）；文化上这叫断绝圣人言论，抛弃思想智慧（见《老子·第十九章》）；个人生活上这叫减少再减少（见《老子·第四十八章》），合起来就是"无为"，也就是顺其自然，也叫自然而然。

　　道家思想很了不起，非常自觉地沿着世界观到人生观再到价值观的思路运转，由自然的世界引出自然的人性，再引出回到自然或者说返璞归真的人生最高意义。

　　法家出自道家，放大其阴柔的一面，将《老子》中的治理术细微化、系统化，结合政治实践给予创造发挥，终于自成一家。道家的自然人性被法家解读为人性恶，应该说不是歪曲。食、色是人的天性，与生俱来，属于不学自会的本能，可谓人身上的动物性，儒道两家称之为"人欲"，都主张给予限制。儒家的"成人"就包括用道德打压欲望，譬如克己复礼。道家的返璞归真也包括阻塞欲望，譬如清心寡欲。可见欲望是要打个问号的，不能过线。法家就是在此处做文章，即限制人欲又纵容人欲。

一方面确立法治国策，打造强权政治。为什么儒家的德治不灵？因为依据的是人性善，这是个根本错误，人性实际上是恶，食、色最后一定表现为贪婪。既然人性恶，就不能用引导的办法，而应该也只能走惩罚的道路，于是法家便搞出一套严密苛刻的法律，强制推行。这实际上是与民为敌，拿老百姓当贼盗防。

一方面利用人欲，驱使民众。你不是想升官发财吗？好，我给你机会，你好好种地，丰收有重赏；你去当兵，战场上杀一个人我给你一级爵位。这些奖励都用法律形式固定下来，条条对号入座，人人有份。于是战场上的秦国士兵红了眼，腰上挂着斩获的人头，光着膀子大喊大叫往前冲，面对这等虎狼之师，哪有不闻风丧胆的？

法家的字典里没有慈悲，一切围绕的都是国家的强大，也不见人的地位，人的价值全在于充当富国强兵的工具。

譬如孝道。儒、道、法三家都主张行孝，其中儒家最为突出。孝在儒家道德体系中属于核心规范，具有调整家庭家族关系、社会关系乃至政治关系的意义，用民间语言表达就是百善孝为先。道家反对过度用力，认为孝作为一种天生的感情和行为，自然会在每个人身上体现出来，自然而然地去做就是了，人为的强调反而会造成负担，导致虚伪，疏远人们之间的关系。法家着眼的是不尽孝的那一面，说跟这样的逆子讲道理是没用的，因为其人性特别不好，对付这种人只有一个办法，就是交给官府。执法吏腰里挂着锁人的链子手里提着刀戈棍棒上门来，不孝子马上老实了，再也不敢忤逆，因为等着他的是监禁和刑罚，悖逆或违法的成本太高。用一句话概括三家在孝道上的根本对策：儒家是文化主义的，诉诸立德和教化；道家是自然主义的，遵从个人的自觉自愿；法家是国家主义的，依赖权力对生活的全面干预。

求道不求术。无论哪一家，具体做法可以商量，也可以变通，甚至可以综合互补，但立足于人性哲学这一点，也就是道，任何时候任何条件下都有价值，应该给予继承和发扬，使我们的生命更自觉、更主动、更有意义。

卷首语

为天地立心，为生民立命，
为往圣继绝学，为万世开太平。

—— 摘自（北宋）张载《张子语录》

中华优秀传统文化是什么

儒家第一课

目　录

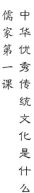

儒

家

RU

概

JIA

略

GAI

LUE

中华优秀传统文化是什么

儒家第一课

儒学发轫于孔子，但"儒"的出现却早得多。孔子是春秋晚期人，上溯经过西周，就是商朝，那时已经有了儒。

什么是儒？胡适先生说，儒是商民族的教士。教士是沟通神与人的中间角色。商朝的神主要分两类：一是上帝，一是祖先。相应地，教士也有两种：与上帝联系的叫巫，与祖先对话的叫儒。东汉学者许慎在他的《说文解字》中这样解说："儒，柔也，术士之称。"寥寥七个字，为儒定了性。教士是从事精神活动的人，而精神是软件，所以儒是以柔的方式与世界打交道。孔子一向不喜欢兵战，见不得好勇斗狠，视其为"恶勇"，反对以强权压人的暴政，追求温和的仁政，凡此种种都可以看作是柔的注脚。这里的柔不等于顺，孔子也有着刚的一面，"知其不可而为之"式的执着就是勇，而且是大勇。

孔子主持过丧葬仪式，是所谓与祖先对话的人，而他的学说又强调包括丧葬制度在内的礼，所以他开创的学派就被称为儒家。

春秋和战国时期，儒学尽管是"显学"，风头在诸家学派中最为强盛，但并不得势，在当政者眼里是中看不中用的东西。到了西汉时期，大一统天下的格局在汉武帝手中已经最后确立，经学博士董仲舒适时提出以儒学为正统的建议，由此开辟了"独尊儒术"的先河。这离孔子去世已经过去了大约350年。从此，儒学便由民间走上庙堂，在朝野均发挥着指导作用，逐渐成为全民族的思维方式和生活方式，也就是我们今天所说的中国传统文化的主流。

儒家的发展至今已有两千多年，其分期有不同的方法。一种是主要以历史朝代为顺序，另一种是以思想特点为区别。前者可称为多期说，后者为三期或四期说。

多期说一般将儒家思想分为：第一，先秦儒家，即春秋时期和战国时期的儒家；第二，两汉儒家；第三，魏晋儒家；第四，唐代儒家；第五，宋明儒家；第六，清代儒家。三期说是 20 世纪 20 年代以来流行的观点，将儒学划分为三大阶段：第一，先秦儒家的第一期；第二，宋明理学的第二期；第三，以当代学者熊十力、冯友兰等人为代表的第三期。不同观点提出四期说，即先秦的孔子、孟子、荀子为第一期，汉代儒家为第二期，宋明理学为第三期，未来为第四期。第四期应该是对宋明理学的继承，但又具有现当代特色。

下面我们就以三期说为线索，看一下儒学在各个时期的特点。

儒学第一期，代表人物是先秦的孔子和孟子。这是儒家的创立和传播期。儒家要解决的问题是如何做人和如何治世，而解决这一问题的思想前提则是"周礼"。周朝是一个以"礼"来维持社会秩序的朝代，它渗透到生活、政治以及宗教的方方面面。礼，通俗地说就是规矩，譬如，子女对父母怎样说话、怎样行礼、怎样照顾饮食起居，有着一套详尽规定，用以维持、巩固家庭内部关系。这些规矩就是子女对父母的礼。对这些具体规定进行提升、概括，就是"孝"的行为规范。孔子所做的就是对各种各样的行为规范进行梳理、完善，然后通过教育、言谈，将制度性的礼转化为思想上的道德意识。这种道德意识表现在政治上就是克己复礼，表现在人生观上就是理想人格，表现在现实生活中就是责任。

儒学第二期，代表人物为宋代的周敦颐、张载、程颢（hào）程颐兄弟、朱熹、陆九渊以及明代的王守仁。先秦儒家偏重于具体问题，是一种朴素的学说，理论形态不够丰满，与道家和佛家相比，理性思维尚显薄弱。为此隋唐时期的儒家开始了整合儒、佛、道三学的尝试。其后，佛学发展迅速，不同思想的相互激荡蔚为壮观。正是在这个背景下，宋代儒家继承了隋唐以来学术融合的潮流，进行了理论上的创新。其根本标志就是突出理性精神，由此把儒学推向一个新的发展高峰，并带动了中国文化的整体进步。其理论成果被称为宋明理学。由于它与先秦儒学在理论形态上不同，又被称为新儒学。

那么，宋明理学是如何突出理性精神的呢？其基本做法是从宇宙本体的大视野中为先秦儒家的思想精神提供论证，构建相对完整的理论体系，将人性、人心与宇宙本原统一起来，由此解决道德的根源性、合理性和永恒性问题。

儒学第三期，即当代儒学。可以说它是新文化运动的产物，但其思想旨趣又别具一格。新文化运动的主旨之一是"打倒孔家店"，把国民从儒家思想文化的沉重束缚下解放出来，而当代儒学的学者却主张尊孔崇儒，但同时也反对思想僵化。为区别传统，他们给自己的儒学前面加上一个"新"字，称为新儒学。新在哪里？从学术上说主要表现为思想渊源，宣称他们的思想不是回到孔子和孟子，而是对宋明理学的继承，遵循着由"内圣"到"外王"的思想路线，也就是在人心和人性的层面上使人格完善起来，从而构筑合理的人际关系和社会环境。

宋明理学也被称为新儒学，它的"新"很大程度上来自对道家和佛家思想的吸收，从而使儒学呈现出理性思维的精神风貌。第三期儒学同样有这个特征。面对古老民族文化传统日见式微的现状和西方强势文化的挑战、入侵，面对中国的现代化问题，他们采取了吸收、改造、融合西方近、现代思想的态度。思想的吸收一定要有一个"主体"，它就像一个框架，用来整合各种思想材料。这个主体是儒学。

当代儒学的这个态度既开明又保守。说它开明，是因为对西方思想开放；说它保守，是因为以传统为根本，这与当时大多数人以西学为主体的思路大相径庭。但它的确是在为我们这个古老民族走向现代化寻求据说更为平稳的出路。从这个意义上看，如果说儒学第三期是对新文化运动的反动，就失之简单了，它同样是这场大合唱中的一个音符，只不过与主旋律不合拍罢了。

儒学第三期之所以引人注目，一个重要原因就是所谓"儒家资本主义"（又称东亚工业文明）的成功。20世纪六七十年代，韩国、新加坡以及中国台湾和香港奇迹般地崛起，被一些人用来证明儒学在现代化中的价值。东亚工业文明的出现是否意味着儒学的成功，尚需进一步证明，但儒学在其中发挥了重要作用则是毋庸置疑的，譬如强调民族精神，突出团队意识，倡导国家主导作用，鼓励守纪律以及吃苦耐劳的品质，等等，都可以看到儒家思想的影子。

从这个粗线条勾画可以看出，儒学既是一个前后继承的学派，又是一个开放的体系。

　　儒家经典有五经、六经、九经、十三经、四书之说。"经"是个借用词，来自织布，古人使用织机时用两种线，一是纵的方向的线，叫经线；一是横的方向的线，叫纬线。经线是不动的，纬线绕着经线穿插。用在著述上，"经"的意思就是不变的原则，说一部书是经典，就是承认它的长效指导地位。

　　五经指《周易》《尚书》《诗经》《礼经》《春秋》。

　　再加上一部《乐经》就是六经，但这部经典早已失传，后人谁也没见过。六经其实是孔子办学用的基本教材。

　　后来，《礼经》被一分为三，分别命名为《仪礼》《周礼》和《礼记》；《春秋》也被一分为三，分别命名为《春秋公羊传》《春秋穀（gǔ）梁传》和《春秋左传》。五经中去掉《礼经》和《春秋》，加上两个一分为三，就是九经。

　　这九部经典加上先前的《论语》《孟子》，以及据说由孔子口述、弟子曾参执笔的《孝经》，再加上一部词典性质的著作《尔雅》，就是十三经。

　　朱熹曾为四部重要著作做注释，它们是相传曾参所著《大学》、相传孔子的孙子孔伋（jí，即子思）所著《中庸》，以及《论语》《孟子》，统称《四书章句集注》。后来这四部著作就被称为"四书"。

儒

RU

家

JIA

人

REN

物

WU

小

XIAO

传

ZHUAN

冯友兰　熊十力　朱熹　张载　韩愈　董仲舒　孟子　孔子

中华优秀传统文化是什么

儒家第一课

孔子

（前 551 ~ 前 479）

孔子是春秋末期鲁国陬（zōu）邑（今山东省曲阜市）人，名丘，字仲尼。孔并不是孔子的姓。那时，实行姓氏双轨宗法制度，姓是血统和宗族的标志，氏则是宗族世系的标志。在血统上，孔子的先世可追溯到商朝最后一位君主商纣王的同父异母哥哥微子，商朝的王族是子姓，所以孔子本来姓子；商是殷人建立的政权，所以他又自称殷人。周朝灭商后，为团结殷人，周王把一个叫作宋的地方封给微子，命他在此立国，是为宋国。微子的后代中有一位叫孔父嘉，按世系划分属于支脉，这一支便以孔为族号，孔子就是他的子孙，所以孔应该是孔子的氏。

孔父嘉在错综复杂的政治斗争中站错了队，被政敌杀掉了。他的儿子逃亡鲁国，鲁国不仅收留了他，还承认孔氏的贵族身份，而且还给了他一份像样的工作。绝路逢生，感激不尽的孔氏从此便把鲁国当成了自己的故乡。

孔子命不好，3 岁时死了父亲，贵族之家一下子变成贫困家庭。为了谋生，年轻的孔子干了许多不符合贵族身份的工作，甚至为安葬死人当吹鼓手。这不仅使他很早就得到社会历练，而且还接触到各阶层特别是底层的生活。贫困并没有击垮胸怀大志、聪明好学的孔子，他利用一切机会如饥似渴地吸收知识，终于掌握了当时最高深的学问，成为当时最有影响力的学者。他先是办学育人，宣传自己的主张，随着名声日隆，终于被当权者起用，由地方行政长官做起，两年时间就做到了鲁国的司寇，主管整个国家的司法工作，相当于今天的国务委员。这是孔子一生中做过的最大的官，在任时间不长，两年多一点。其后便开始了长达 14 年的周游列国的生涯。回到鲁国后，孔子致力于教育学生和整理文献。他遵循"述而不作"的原则，故一生没有留下著作。《论语》是他的弟子以及再传弟子对他言行的记录、整理。

　　孔子的学说是围绕如何做一个受人尊重的君子而展开的，他也谈论政治，但治国不过是做人的延伸，所以仍然是一个道德问题。为人有德、为政以德，这大概就是孔子的学说为什么能够深入人心的根本原因。如果用一句话来浓缩孔子的学说，可以这样概括：道德意识是核心，而仁爱观念则是道德意识的核心。

孟子

（约前 372 ~ 约前 289）

孟子是战国中期邹（今山东省邹城市）人，名轲，字子舆。据说他是鲁国大贵族孟孙氏之后，孟孙氏是鲁国国君桓公的后代，而桓公又是周公的后代，这么说来，孟子的先人可以追溯到周公。当年，孟孙氏与叔孙氏、季孙氏这三家桓公的后人合称"三桓"，与国君分庭抗礼，是孔子改革的对象，也是把孔子逼下台的主角之一。后来孟子家从鲁国迁移到邻近的邹国。

孟子的老师是孔子的孙子子思的门人，这样算，他应该是孔子的第四代弟子。孟子是儒家学说发展史上里程碑式的人物，孔子言论中许多隐性的东西经他推演、引申和发挥，成为显性思想；而原来一些显性的东西又被他发扬光大，更加鲜明。总之，他把儒家学说推上了一个新高峰，自己也成为一代宗师，被后人尊为仅次于孔子的亚圣。他终身都以继承孔子的大业为目标，甚至在经历上也效法孔子。为了学以致用，推行仁政，他带着学生前往齐、宋、滕、魏、薛、鲁等国，游说诸侯；效果也一样，尽管人家客客气气的，但没谁真心采纳他的方略。

孟子学说中最引人注目的是关于人性善的思想。孔子提出道德至上，然而，凭什么要求人们之间相互关爱、自觉遵守社会规范呢？孔子并没有明确解答。孟子认为这个根源在于人性，由于人天生就是善的，道德才能发挥核心作用。道德不是从外部硬加在人的头上，强制人去遵守，而是与人的良心相一致，或者说道德是人性的产物，所以道德的实施既是人性的必然，同时又起着唤醒和完善人性的作用。

孟子留下了一部书《孟子》，是他与万章等几位弟子合著的。

董仲舒

（前 179 ~ 前 104）

　　董仲舒是西汉广川（今河北省枣强县东）人。汉景帝时任经学博士官，汉武帝时被任命为蕃国江都国的相国，是地位相当高的地方长官。后来因为以火灾附会朝政弊端，被捕入狱。释放后又到地方任相国，后告老辞归，专心著述，主要著作有《春秋繁露》。

　　董仲舒的学说有两大创造。一个是天人感应说。天与人同构，天的变化与社会生活互通。国家治理有方，百姓和谐，人间之气就正直，而天地变化也就有秩序，风调雨顺，万物和美；反之，阴阳不和，灾害就会出现。所以灾害的发生不是上天跟人过不去，而是人跟自己过不去。另一个是人性善恶二重说。人性由性和情这两种东西构成，情表现为贪欲，是恶；性表现为仁义，是善。性与阳相当，情与阴对应。阴阳双方中，阳为主，阴为从；所以性是主，情是从。人性中起主导作用的是善，恶处于从属地位。

　　董仲舒对儒学的最大贡献是在学术之外。他关于思想意识必须统一于孔子儒术的主张被汉武帝采纳，开此后两千年封建社会以儒学为正统、为主流文化的先声。

韩 愈

（768 ~ 824）

韩愈是唐朝时河南河阳（今河南省禹县）人，字退之。他的祖先曾在昌黎（今辽宁省义县）居住，又称韩昌黎。曾任监察御史、侍郎等高级官职。其时，佛教盛行，皇帝亲自迎接佛骨，举国上下争相效仿，造成了对儒学意识形态的强烈冲击。

为维护儒学地位，韩愈提出了道统说。其内容主要有两个：一个是强调儒学为华夏的正统思想，将其源头上溯到尧、舜，经历代圣王传至孔子、孟子；再一个是以"道"的范畴来整合佛家和道家。他认为道家的道（虚无）和佛家的道（心悟）是形式，而儒家的道（仁义）则是内容，表现了从根本上统一三家思想的企图。

为了进一步证明儒家的正确性，韩愈以仁、礼、信、义、智五种规范为坐标，将人性分为不同的品级；以喜、怒、哀、惧、爱、恶、欲七种感情为尺度，把人情分为不同档次——以此来说明人性、人情并不是佛家主张的一尘不染的"空"，也不是无区别的心性平等。

韩愈是文学上著名的古文运动的倡导者，其文学成就极高。文学上的"回到古文"与学术上的"复归道统"其实是一个东西。

韩愈最有分量的作品是几篇以"原"字打头的著说，它们是《原道》《原性》《原人》《原鬼》《原毁》。

张 载

（1020 ~ 1077）

张载，字子厚，北宋时期凤翔眉县（今陕西省眉县）人，因居住在横渠镇（今眉县横渠乡），又称横渠先生。经人推荐，曾在朝廷担任过崇文院校书一类的小官，因反对王安石变法，辞职还乡，著书立说，授徒讲学，颇具气象，形成仅次于"洛学"的"关学"。

张载学说的基础是关于"气"的思想。他认为气是宇宙本原，其根本状态是消散无形，所以称其为"太虚"，太是本原，虚是无形。气的凝聚构成了包括人在内的万物，这样人与天便统一起来。然而人性是复杂的，分为天地之性和气质之性这两大部分。天地之性是上天的产物，由善（道德）构成，称为天理；气质之性是人这个特殊物类的产物，由欲望构成，称为人欲。

是站在天理一边还是站在人欲一边？这是一个因为人的自我分裂而造成的问题。张载的选择当然是天理，由此开通了宋明理学"存天理、灭人欲"的主题。

理是根本道理，也就是儒家的道德精神，这种精神根源于上天，所以又是天理。从人伦之理到天理，关键环节是气，而气是看不到摸不着的，是虚无，把这种虚无之气作为宇宙本原显然是道家思想。但气又不是什么都没有，只不过人感觉不到罢了，它是实实在在的东西，这又与道家的虚无不一样。另外，天理是普遍的东西，而人欲则为人这个物类所独具，这个观点来自佛家共性与个性的思想。这表明，张载是在吸收道家、佛家成果的前提下发扬光大儒学的，他对儒学的继承实际上是一种改造。

张载的主要著作有《正蒙》《经学理窟》《易说》《语录》。

朱 熹

（1130 ~ 1200）

　　朱熹，字元晦，又仲晦，号晦庵，别称紫阳，南宋时期徽州婺（wù）源（今江西省婺源县）人，出生在福建南剑（今福建省南平市）尤溪县。一生广注典籍，对经学、史学、文学、乐律、自然科学都有不同程度的贡献，是理学集大成者，也可以说是董仲舒以来最有影响力的大儒。

　　朱熹做官和办学两不误。在南康（今江西省星子县）当官时，于庐山脚下兴办"白鹿洞书院"；在湖南当官时，又兴办了"岳麓书院"，可以说是一个"学而优则仕""仕而优则学"的典型。

　　朱熹继承了张载、程颢、程颐的学说，建立起了一个完整的理学体系，世人称之为程朱学派。这个体系的理论起点是理，理是无形的，相当于道。理是宇宙间最根本的存在，是本体，万事万物都是由它分化出来的。那么，无形的东西是怎样分化出各种有形的东西的呢？通过气。气介于理和事物之间，理就寄存在气的上面。气分阴阳，这两种气互相摩擦，产生包括人在内的天地万物。由于理附着于气，万物形成的同时，理也就介入了，所以天地、万物、人都是按照理来运行的，这就是说，理是人与生俱来的。

　　这样，人就有两个来源：一是气，一是理。两个来源形成三种材质，即气、理、理气混杂。其中，气构成人的形体；理与理气混杂构成人性。纯粹的理导致的是天地之性，而理气混杂则导致气质之性。问题就出在这后一个构成上。

理是无形的，它构成的天地之性也是没有形影的，只是人们心中的道理，例如，仁、义、礼、智。理是洁净完美的，它映在心中的道理就是至善。每个人都有天地之性，在这一点上，大家都一样是善的。

气质之性就不同了。气有清浊之分，人的气质也就有了好坏的区别。这就是说，从气质之性上看，人的禀性有善有恶，恶也是与生俱来的。

相对应于天地之性和气质之性，人的思想意识也就分为道心和人心。道心表现为仁、义、礼、智一类的道理，人心受肉体欲望的支配，在这一点上，小人和君子没有区别。但人心并不等于人欲，因为人心由理气混杂决定，所以可善可恶，而人欲只是其中恶的一面，属于过分的欲望。这样，人就陷入了天理与人欲的矛盾。人应该怎么办？当然是弘扬天理、革除人欲，因为天理乃是宇宙万物的源头和根本，是世间最普遍的规则。人一定要去掉身上和世上恶的东西，决不可同流合污，否则天理不容。

朱熹著述极丰，而且大多流传下来。主要著作除《论语要义》《孟子集注》《大学章句》《中庸章句》外，还有《资治通鉴纲目》《楚辞辩证》《太极图说解》等数十种，其言论被编撰成《朱子语类》，达 140 卷。

熊十力

（1884 ~ 1968）

　　熊十力，原名继智、升恒，字子真，晚年称漆园老人。湖北省黄冈市人。曾参加武昌起义和护法运动。自 1922 年起至 50 年代末在北京大学任教。

　　熊十力将重建儒学本体论作为终身学术目标。本体论是西方哲学的一个传统术语，任务是研究存在问题，论证宇宙的本原也就是终极的存在。从这个目标可以推测出，在熊十力看来，儒学最需要加强或者补充的就是将其思想精神与宇宙本原相接通，而这项工作正是宋明理学孜孜所求的。就此而言，熊十力是宋明理学的传人。

　　那么，这个本原具有哪些特点呢？最根本的就是人心（意识）与万物"无二无别"。也就是说，并不存在着一个跟人的意识和知识无关的世界，凡是人所知道的东西都在我们心中。这样，就为宋明理学所主张的作为宇宙本原的"理"提供了从人心方面进行解释的一个思路。在朱熹等先哲那里，是先有理，后有人心，理与心是分开的；而在熊十力这里，理与心实际上合而为一。从熊十力的这个观点可以看到德国古典哲学家康德的影响，反映了当代儒学以西方思想充实中国传统文化的意图。

　　熊十力的主要著作有《新唯实论》《体用论》《原儒》等。

冯友兰

（1895 ~ 1990）

冯友兰，字芝生，河南省唐县人。曾就学于北京大学、美国哥伦比亚大学。1928 年起任清华大学哲学系教授、哲学系主任、文学院院长、校务委员会主席等职。抗日战争期间，任西南联大哲学系主任兼文学院院长。1952 年任北京大学哲学系教授。

冯友兰治学强调以"内圣"驾驭"外王"，也就是主张从人性、人心出发，通过塑造理想人格来改变环境，使之合理化。在他看来，儒家所追求的"天人合一"的精神境界是人的最终的"安身立命之地"。

冯友兰以"新理学"为标榜，声明他不是照着程颢、程颐和朱熹的理学讲，而是接着他们讲。这表明了两点：一是他的学说的性质，即理学，出发点是程朱；一是他的学说有创新，是新理学。新在何处？从方法上说，主要是运用西方的新实在论、实用主义以及柏拉图、亚里士多德、斯宾诺莎的有关思想来诠释、重构程朱理学，同时吸收道家、佛家的成果。

冯友兰的主要著作有《中国哲学史》以及抗日战争时期出版的《新理学》《新事论》《新世训》《新原人》《新原道》《新知言》。后六本以新字打头的著作合称"贞元六书"。贞元即贞下起元，喻示冬去春来，胜利在望。

君子的人格力量

JUN ZI DE REN GE LI LIANG

要 义

　　理想人格是儒家学说的理论起点，是一个可望而不可即的目标，在现实性上是所有人优长的汇聚。基于这个理想标准，儒家提出了"不做圣贤，便为禽兽"，意在为世人提供一条人格不断丰满的路径。

中华优秀传统文化是什么

儒家第一课

理想人格的追求

任何一种思想学说，
都有它理论上的起点，
那么，儒家思想的理论起点在哪里呢？

从人出发

回放

楚国有个人丢失了一张弓，可他一点都不着急，也不去寻找。人们问他这是为什么，他说："楚国人丢失了弓，捡到这张弓的也是楚国人，我又何必去寻找？"

孔子听说了这件事，说："他的话中去掉那个'楚'字就恰当了。"

老子听到了，说："再去掉那个'人'字就更恰当了。"

原文摘要

荆人有遗弓者，而不肯索，曰："荆人遗之，荆人得之，又何索焉？"孔子闻之曰："去其'荆'而可矣。"老聃闻之曰："去其'人'而可矣。"

——《吕氏春秋·贵公》

简议

这篇寓言式的故事出自《吕氏春秋·贵公》。《吕氏春秋》是战国末期秦国丞相吕不韦主持编撰的一部巨著，吕氏杂糅儒、道、法、名、墨、农、阴阳等诸家思想，被称为杂家。这则故事实际上涉及当时人们对儒家和道家两大学派的基本见解。弓与公同音，故事又属于"贵公"篇，是借"弓"来讲"公"。那位楚国人的心已经很宽了，克服了一己之私，想的是一国之民；孔子的胸怀要大得多，超出了一国界限，想的是众人，或者说是人的共性；老子想得更大，他的志趣系于天下。

这就从一个侧面启示我们，孔子开创的儒家学说是以人为出发点的，是围绕人展开的，是一种关于人的学问，用今天的话来说，就是"人学"。

那么，作为这个出发点的人是怎样的人呢？

君 子

回放

孔子周游列国，在陈国住了一段日子，打算迁到南边的楚国去，其间必须经过蔡国。不久前吴国进攻楚国，把这里当成战场。孔子一行路过，满目疮痍，连鸡鸣狗吠都听不到，不禁感慨万分。他们临行仓促，没带多少粮食，本以为可以路上买一些，不料找不到人，只好煮野菜粥充饥。

更糟糕的是，陈国和蔡国当权的大夫们生怕楚国重用孔子，由此变得更加强大而对本国不利，于是分头派人将孔子师生阻隔在半路上。他们进退不得，没吃没住。为了鼓舞士气，孔子强打起精神，组织大家讨论学问，还带头唱歌。可弟子们一个个仍旧垂头丧气。

子路最是懊恼，发牢骚说："君子也有走投无路的时候吗？"

孔子正色答道："君子穷困的时候，仍然坚持志节；要是换了小人，就胡作非为了。"

原文摘要

在陈绝粮，从者病，莫能兴。子路愠见曰："君子亦有穷乎？"子曰："君子固穷，小人穷斯滥矣。"

——《论语·卫灵公》

简议

在孔子那里，人是有区别的，他将人分成两大类：君子与小人。小人的含义很广，既指行为卑劣猥琐之人，也指地位低下之人，甚至包括志趣褊狭的读书人，总之属于落后的、消极的、被批判的人群。这种人显然不能成为儒家学说的出发点。

这个出发点只能是君子。君子是孔子谈论最多的话题，《论语》一书中，君子出现多达 107 处。君子含义广泛，甚至包括官员、贵族等社会地位高的人，这类含义我们除去不谈。那么，怎样的人才能担当君子的称号呢？

首先，君子是道德高尚的人。"君子关注的是德行，小人在意的是产业。君子关注的是规范，小人在意的是利益。"[1]

其次，君子是好学而恪守规矩的人。"君子广泛学习文献知识，同时以礼的规则约束自己。"[2]

再次，君子是气质朴实厚重而风采斐然的人。"君子给人以三种不同的感受：远远望去，庄重严肃；与他接触，温和可亲；听他谈话，一丝不苟。"[3]

再其次，君子是能够担负社会重任、成就一番事业的人。"君

---

[1]　子曰："君子怀德，小人怀土；君子怀刑，小人怀惠。"（《论语·里仁》）

[2]　子曰："君子博学于文，约之以礼，亦可以弗畔矣夫！"（《论语·雍也》）

[3]　子夏曰："君子有三变：望之俨然，即之也温，听其言也厉。"（《论语·子张》）

子修养自己，从而能够达到使天下大众安居乐业。"①

　　此外，君子还要掌握以《诗经》《尚书》《礼经》《乐经》《易经》《春秋》为代表的"六艺"，要善于行动而拙于表达，甚至不用接近黑色的布料做衣服的镶边，等等。

　　这样的人是完人。然而，现实生活中能找到完人吗？

---

① 子路问君子。子曰："修己以敬。"曰："如斯而已乎？"曰："修己以安人。"
　　曰："如斯而已乎？"曰："修己以安百姓。修己以安百姓，尧、舜其犹病诸！"
　　（《论语·宪问》）

人非圣贤

有人问孔子："颜回是什么样的人？"

"是个仁义的人，在这一点上我不如他。"孔子答道。

那人又问："子贡是什么样的人？"

"是个善辩的人，在这一点上我不如他。"孔子答道。

那人接着问："子路是什么样的人？"

"是个勇敢的人，在这一点上我不如他。"孔子答道。

那个人很是奇怪，问："既然如此，他们却跟随您做学生，这是为什么？"

孔子说："我既仁义又能够下狠心，既善辩又能够说话迟缓，既勇敢又能够适时胆怯，就是把他们三个人的长处合在一起跟我一个人交换，我也不会答应的。"

孔子是懂得怎样施展自己才能才是合宜的人。

原 文 摘 要

人或问孔子曰："颜回何如人也？"曰："仁人也，丘弗如也。""子贡何如人也？"曰："辩人也，丘弗如也。""子路何如人也？"曰："勇人也，丘弗如也。"宾曰："三人皆贤夫子，而为夫子没，何也？"夫子曰："丘能仁且忍，辩且讷，勇且怯，以三子之能易丘一道，丘弗为也。"孔子知所施之也。

——《淮南子·人间训》

　　颜回、子贡、子路是孔子最得意的学生，可以说是当时精英群体中的俊杰，但每个人身上都有不足，还够不上君子。孔子不同，作为他们的老师，集中了他们的优点，同时又没有他们各自的缺点，显然在学生之上。那么，他达到君子的高度了吗？

　　儒家代表人物、被尊为亚圣的孟子（约前 372～前 289）认为孔子达到了，他说孔子是圣人中识时务的人，是集大成的人（《孟子·万章下》）。法家代表人物韩非（约前 280～前 233）也认为孔子达到了，他说："孔子，是天下的圣人，他修养身心，宣扬儒家的道理去周游列国，然而天下喜爱他的仁、赞美他的义，并为之奔走效劳的门徒仅仅七十个。这是因为看重仁的人很少，能够实行义的人很难。因此，以天下之大，为他奔走效劳的门徒不过七十人，而真正能够做到仁义的，也就孔子一个人。"（《韩非子·五蠹（dù）》）圣人是君子的一种表述，或者说是君子的极致状态。孟子说："圣人是处理人际关系的最高境界。"[1]

　　孔子自己怎么看呢？他说："君子所向往的三种境界，我还没有办法达到：行仁爱的人不忧虑，明智的人不迷惑，勇敢的人不惧

――――――――――――――――

[1]　孟子曰："规矩，方员之至也；圣人，人伦之至也。"（《孟子·离娄上》）

怕。"①显然，在孔子看来，自己离君子还有一些差距。

那么，孔子为什么达不到至高境界呢？不是他努力不够，根本的问题在于君子所遵循的各种道德规范具有相互排斥的一面。

---

① 子曰："君子道者三，我无能焉：仁者不忧，知者不惑，勇者不惧。"子贡曰："夫子自道也。"（《论语·宪问》）

忠孝难以两全

回放

楚国有个以正直为准则来立身行事的人，他的父亲偷了别人的羊，他向官府告发，结果他的父亲被抓走了，被判处死刑。这个人前往官府，请求代替父亲去死。临行刑前，这人对官吏说："父亲偷了别人的东西，儿子去告发，这不是很诚实吗？父亲被判罪，儿子代替受刑，这不是很孝敬吗？又诚实又孝敬的人却要被砍掉脑袋，那么还有谁不应该被处死呢？"

楚王听了他的话，没有杀他。

孔子听说了这件事，评论道："这个人所理解的诚实简直是奇谈怪论！利用一个父亲却为自己捞取了两次名声。"

所以，像这个人那样的诚实还不如没有诚实。

原文摘要

楚有直躬者，其父窃羊而谒之上。上执而将诛之。直躬者请代之。将诛矣，告吏曰："父窃羊而谒之，不亦信乎？父诛而代之，不亦孝乎？信且孝而诛之，国将有不诛者乎？"荆王闻之，乃不诛也。孔子闻之曰："异哉！直躬之为信也。一父而载取名焉。"故直躬之信不若无信。

——《吕氏春秋·当务》

简 议

关于这件事，《论语》是这样说的：楚国的大夫叶（shè）公（名沈诸梁，字子高）跟孔子说，他们乡里有个正直的人，他的父亲偷了人家的羊，他出面告发。孔子大不以为然，说："我们那里正直的人的做法不一样，父亲要替儿子隐瞒，儿子要替父亲隐瞒。这之中自然就有正直了。"①孔子这里强调的是情理，农业社会中，家族关系是最基本的关系，是社会的基石，亲情遭到破坏，社会秩序就不能维持，所以孔子一定要反对那位楚国人的做法，主张不宣扬亲人的过失。在他看来，亲人之间互相维护是人之常情，是出于内心的真情，用今天的话说，接近于本能，这就是"直"，所以他说，亲人相隐，"直"在其中。

我们这里不讨论那位楚国人的是非曲直，只是想表明其中的两难状况。父亲把别人的羊牵回家里，被儿子发现了，这个事实一下子就把儿子推到了尴尬的境地。怎么办？父亲显然做了一件错事，触犯了刑律，按照"忠"的准则，他应该向官府告发，责无旁贷；如果丢羊的人来询问或者官吏来调查，按照"诚"的准则，他应该如实相告，和盘托出；然而按照"孝"的准则，他又不能这样做，必须隐瞒下去，因为父亲不希望他把这件事说出去，他必须遵从父亲的意志，再说，一旦把这件事泄露出去，父亲定然受到严惩，所

---

① 叶公语孔子曰："吾党有直躬者，其父攘羊，而子证之。"孔子曰："吾党之直者异于是。父为子隐，子为父隐，直在其中矣。"（《论语·子路》）

以打死也不能说。说还是不说？——"存在还是灭亡？"一个道德版的哈姆雷特王子面临的难题。这个难题没有答案，因为它根本解不开。

这就是说，在现实生活中，人们要像君子那样做到两全其美，面面俱到，几乎是不可能的。

其实，孔子对现实的人是有看法的。他曾经叫着子路的名字说："由，懂得道德修养意义的人很少啊！"又说："算了吧！我还没有见过像您爱好美色一样爱好德行的人。"① 老先生很无奈，发自心底的那一声沉重叹息，我们今天都能听到。

那么，君子在哪里呢？

---

① 子曰："由，知德者鲜矣。"……子曰："已矣乎！吾未见好德如好色者也。"（《论语·卫灵公》）

理想的人

子路性子虽有些粗，但对君子却十分向往，便向孔子请教，怎样才能实现这一人生目标。

孔子一向因材施教，按照子路的习性，不宜谈抽象道理，要讲具体事例。他说："如果一个人，在远见卓识上像臧武仲，在无私无欲上像公绰，又像卞庄子那样勇敢无畏，还要像冉求那样多才多艺，再用作为制度风俗的礼和作为音乐文艺的乐加以陶冶，差不多就可以算是具有完善的人格的人了。"

臧武仲是鲁国大夫，曾在齐国闲住。国君齐庄公想结交他，授给他一片土地做封地。臧武仲头脑清醒，预见到齐国将发生内乱，而齐庄公难逃厄运，便委婉回绝了。不久，齐庄公果然被权臣崔杼（zhù）所害，而臧武仲因与齐庄公无瓜葛得以保全。

公绰即孟公绰，鲁国大夫，出身鲁国三大权贵之一的孟氏家族，为了表示自己的志节，也为了与权贵们的穷奢极欲划清界限，据说将自己的姓改为"寡欲"。

卞庄子也是鲁国大夫，以勇敢著称。他曾经获得一举刺杀两只恶虎的美名。

冉求是孔子的学生，孔子不喜欢他帮助鲁国权贵季氏敛财，曾经号召弟子们批判他，但对他的才华还是很欣赏的。

这样看来，君子是众人长处的汇聚。

原文摘要

子路问成人。子曰："若臧武仲之知，公绰之不欲，卞庄子之勇，冉求之艺，文之以礼乐，亦可以为成人矣。"

——《论语·宪问》

简议

现实生活中找不到完美无缺的君子，所以孔子才把几个人的突出优点集合起来；仍嫌不够，因此又用"礼乐"来补充，解说子路的问题。在另外一个地方，《论语》提出了"不要对一个人要求十全十美"的主张①，可以说是对这一问题的印证，说明了生活中没有完人。

这就意味着，君子只存在于理想之中，是一种理想人格。人格是人所特有的品格和行为。在人格前面加上理想，并不是说这种人格是凭空虚构的，只是表明，它高于现实的人生，是树立在人们前面的远大目标。

这个目标同时又具有现实性，之所以这么说，有三个主要理由：其一，理想人格来源于实际生活，是针对有着种种缺陷的人的现状而开掘出来的，是人所应该具备的品格；其二，这种品格具有共性，

---

① 周公谓鲁公曰："君子不施其亲，不使大臣怨乎不以，故旧无大故则不弃也，无求备于一人。"（《论语·微子》）

其中每一要素在现实中都普遍存在着，譬如，前面所涉及的正直，就是人人内心都具有的情操；其三，这种品格是可以被实践的，每一个人都可以朝着理想目标而努力。

理想人格来自生活，高于生活。

拾 得

儒家学说是从"人"出发的，而这种"人"表现为理想人格，那么，以理想为出发点在理论上能够站住脚吗？

我们先来看看柏拉图（希腊，前 427 ～前 347）怎么说。柏拉图是对人类影响最大的思想家之一，是使哲学成为一门学科的人，他的哲学的核心部分是"理念论"。按照这种看法，世界可以分成两个：一个是具体的世界，也就是一般人时常沉溺于其中的那个世俗社会；再有一个是理念世界，这是一个纯粹的精神领域。前一个世界是暂时的、相对的，所以也就充满着缺憾，完美和真实只有到后一个世界去寻找，因为它是永恒的和绝对的。

譬如人，可以分出个别的人和理念的人，他们之间有着重大区别。一方面，作为理念，人完美无缺，是理想的人；作为个别，人具有理念的人的性质，但又不完全，正因为这种不完全，人与人才不一样，才能有无数形形色色的人。另一方面，作为理念，人是永恒的，理念无所谓生死，也不发生变化；作为个别，人是暂时的，有生死，有变化。

那么，个别的人和理念的人谁是根本呢？是后者，因为个别是对理念性质的分有。这也表明，理念的人更真实。正如三角形，现实生活中找不到绝对的三角形，它只能存在于概念中。因此，在柏拉图那里，个别只是"现象"，理念才是"实在"。

从哲学上看，儒家的理想人格相当于柏拉图的理念，这就是说，理想人格比现实生活中的人更根本、更真实，当然是本质意义上的真实和完善。儒家选择理想人格作为出发点，也就占据了历史的制高点。

柏拉图与孔子是同时期的人，如果说柏拉图的思想太古老的话，我们不妨看看现代哲学。存在主义哲学家海德格尔（德国，1889～1976）曾说过，时间是我们据以理解存在的地平线，意思是说，只有把人放在时间的向度中才能破解存在的奥秘。另一位存在主义哲学家萨特（法国，1905～1980）也是这样认为的，在他看来，人永远朝着未来进发，在做什么以及怎样做之前，人在意识中已经把自己投射出去了，也就是自己设计自己，这种向着未来的设计是对当下的否定或超越。现在是过去的将来，否定了过去；现在向着将来发展，正在被将来否定；将来变成了现在，仍然要发生变化，向着新的将来超越。总之，无论是过去、现在还是将来，人的选择都是朝向未来，人的存在就是由这一系列超越构成的。因此，对人来说，人生活在将来，时间从未来开始。荷兰哲学家皮尔森也这样看，譬如人类文化，他认为文化其实是一个动词，它必须着眼于未来取向。

儒家的以理想人格为出发点，实际上就是为人类整体确立一个超现实的目标，可以说，反映了个人发展过程以及人类发展过程的真实。

当代文学家杨绛先生在她的著作《走到人生边上》讲过这样一个意思，天生的人，善恶杂糅，需要锻炼出纯正品性来才有价值。万物中只有人才懂得修炼自己。怎样完善呢？就要按照道德要求去做，为人一世，都要或多或少地进行修养，所谓"公修公得，婆修婆得，不修不得"。这就是说，在现实生活中，每个人其实都是朝着各自角色的理想状态而进发的。

这用儒家的话来说，就是志向，它构成了中国人的实践方式。个人也好，组织也罢，凡成功者，大多走的是这个路子。譬如黄埔军校，它一没有资金，二没有顶级教官，校舍简陋得如同乡村学校，却培育出了一批世界级名将，国共两党的军事精英盖出于此，从而与美国西点军校齐名而跻身于世界四大著名军校。那么，黄埔军校何以能够获得如此业绩呢？两个字：理想。它出自孙中山先生的一句话："希望你们成为挽救中国革命的中坚力量。"正是肩负着这个神圣责任，那些热血青年迅速成长为复兴中华民族的杰出战士。

失去了理想和希望的人生将会怎样？生命不能承受之轻！

人与动物的界限

　　前文说过，人格是人所特有的品格和行为，什么是特有？就是独一无二，只有人才具备，而动物则没有，所以特有就是人区别于动物的特质。儒家强调理想人格，根本意图就是为了与动物划清界限。那么，在儒家看来，人与动物有哪些重大区别呢？

人兽之辨

尊　严

 回放

　　曾点和他的儿子曾参都是孔子的学生。曾点虽然性格狂放，但对曾参的要求却很严格，有时候显得很过分。一次，父子俩在地里干活，曾参不小心把一棵瓜秧连根锄断了，老父勃然大怒，竟然抡起粗大的木杖朝儿子打去。曾参一点儿也不记仇，对父亲依然非常孝敬。

　　曾点老了，曾参主持家业，每顿饭都给父亲准备酒和肉。父亲吃过后，曾参一定要请示，剩下的饭菜给谁；要是父亲问这些东西家里是否还有，曾参为了让他放心享用和支配美食，一定说有。

　　曾参的儿子叫曾元，曾参老了，曾元主持家业。曾元奉养曾参，每顿饭一样有酒有肉。然而，在曾参用过将要撤下时，曾元根本不请示剩下的饭菜给谁；如果曾参问这东西还有没有，曾元就说没有了，他之所以这样回答，是想把剩菜留下来，下顿饭再给父亲吃。

　　孟子说，曾元的做法，就是所谓的奉养父母的身体，而曾参的做法则可以叫奉养父母的心意。侍奉双亲能够像曾参那样，就可以了。

原文摘要

曾子养曾皙，必有酒肉。将彻，必问所与。问有余，必曰："有。"曾皙死，曾元养曾子，必有酒肉。将彻，不请所与。问有余，曰："亡矣。"将以复进也，此所谓养口体者也。若曾子，则可谓养志也。事亲若曾子者，可也。

——《孟子·离娄上》

简　议

从表面上看，曾参和曾元的区别只在于一问一答简单的两句话，一问是剩下的饭菜给谁？一答是回应东西是否还有的询问，但反映的却是两种不同的态度和境界。对此孟子是这样总结的：像曾元那样，"叫奉养口舌、躯体。像曾参那样，叫奉养父母的心意"。什么是奉养口舌、躯体？就是在肉体上给予赡养。什么是奉养父母的心意？就是在人格尊严上给予敬重。

关于赡养与敬重的分别，孔子是这样讲的："如今所谓的孝，说的是能够赡养父母。然而像狗和马之类，也能为人服务。要是缺少了尊敬，怎能区分人与犬马之间的分别呢？"[1]话说得很明白，如果子女仅仅只是养活父母，那与犬马就站在一处了，因为它们也在为人出力，所以要与动物区分开来，必须加进敬重。怎样才算是

---

[1] 子游问孝。子曰："今之孝者，是谓能养。至于犬马，皆能有养。不敬，何以别乎？"（《论语·为政》）

敬重？这就要求人们恪守父母和子女之间的礼，也就是俗话所说的规矩。像曾参服侍曾点吃饭，饭后请示剩下的饭菜如何处理，就是古代的规矩。

这就告诉我们，尊严是人格的一个要素，是人与动物的一个重大区别。我们自己要自尊，同时也必须尊重别人。

在古人看来，不自尊、不敬人、不懂规矩的人就是自甘堕落，与禽兽为伍。清代雍正朝，皇族内部争斗，雍正皇帝的两个弟弟结党营私，另搞一套，雍正震怒，不能容忍作为臣下和幼弟的他们冒犯自己这个君主和兄长，把他俩的名字改成"阿其那"（猪）和"塞思黑"（狗），斥之为禽兽。他还把大臣年羹尧打入禽兽的队伍，骂他是"狗彘（zhì）"，彘就是猪，因为年羹尧狂妄得没了边，违背了君为臣纲的人伦，眼里连皇帝都没有。

斥人为禽兽有多大的威力？我们看看下面这个故事就明白了。东汉有一位名叫刘宽的人，为人厚道，喜欢喝酒，巧的是他的老仆也爱喝酒，每逢被派去打酒，必定先痛饮一番，一喝就控制不住，不喝得大醉不回来。一次，家里来了客人，刘宽打发老仆去买酒，客人等得不耐烦了，那位老兄才跌跌撞撞地回来，客人还没喝，仆人先醉倒了。客人大怒，指着他的鼻子骂道："畜生！"过了一会儿，刘宽叫人去查看老仆的动静，生怕他自杀。为什么？刘宽说："明明是人，却被骂为畜生，还有什么侮辱比这更厉害的呢？所以我担心他寻死。"

人一旦被视为与禽兽同类，他作为人的尊严也就被剥夺了。

本 性

告子与孟子辩论人性问题。

告子的观点是人的本性无所谓善也无所谓不善。

孟子问："请教告子先生，什么是本性？"

"天生的就是本性。"告子言之凿凿。

孟子又问："既然如此，是否可以说，天然的白都是一样的？"

告子说："是的。"

孟子说："白羽毛的白犹如白雪的白，白雪的白犹如白玉的白，是吗？"

"当然。"告子答道。

孟子点点头，话锋一转，"能具体说说人的本性是什么吗？"

"饮食、性欲之类的本能就是人的本性。"告子仍然言之凿凿。

孟子顿了顿，望着对方道："照这么说，岂不等于讲，狗的本性犹如牛的本性，而牛的本性犹如人的本性吗？"

原 文 摘 要

告子曰："……人性之无分于善不善也。"……告子曰："生之谓性。"孟子曰："生之谓性也，犹白之谓白与？"曰："然。""白羽之白也，犹白雪之白；白雪之白，犹之白玉之白与？"曰："然。""然则犬之性，犹牛之性；牛之性，犹人之性与？"

——《孟子·告子上》

这是中国思想史上关于人性的一次著名辩论。

告子把自己绕进去了。他认为天生的就是本性，既然如此，那所有天然的白色事物在性质上就是一样的了；他继而又提出，人的本性是饮食、性欲之类的本能，这样，矛盾就出来了。因为饮食、性欲也是狗和牛这些动物的本能，而前面又说白色事物的性质没有区别，既然人与狗、牛都以饮食、性欲为本能，那么，人的本性与动物的本性就是一样的了。如果人与动物的本性一样，人还是人吗？

当然不是。所以孟子不这样看，他着眼的是"善"、道德，也就是人所共有的仁义素养或者说是人格，正是这种东西使人与动物区别开来，它才是人的本性。孟子说："上天赋予人以仁义之道，如果只是吃饱了、穿暖了、住安逸了，但不把仁义发挥出来，就仍然与禽兽相差无几。"[①] 显然，孟子是从人与动物的根本区别来界说人的本性的。

今天看来，孟子的结论还可以进一步完善，但他从社会、文化的角度来确定人的本性的方法是正确的。人的本性或者说人的本质

①　人之有道也，饱食、暖衣、逸居而无教，则近于禽兽。（《孟子·滕文公上》）

如何界定，在今天也是个大问题。有人喜欢从动物性上来看人性，不错，人来自动物，身上一定有着动物性，然而它能够成为人的本质吗？这里首要的问题是，人性中是否包含着纯粹的动物性？

譬如食欲和性欲，谁都不否认，它们是人的本能。但同样是吃，动物吃的是自然界规定好了的东西，食草类吃的是现成的植物，食肉类吃的是现成的动物，并且只是填充自己的肚子；而人则不同，他的饮食来源于自己的劳动，按照一定的习俗甚至礼仪进餐，并且要吃出美味来。20世纪80年代，美国快餐肯德基到北京开店，人们蜂拥而至，有人评论道，食客登门不是去吃炸鸡，而是去吃美国文化，被认为是很有见地的看法。这说明，人的食欲有着文化内容。

性欲更是这样。它的满足发生在人与人之间，比人与食物的关系更加复杂。在这个方面，动物一样受着自然的支配，发情了就要去交配，不分时间、地点、环境，也不回避同类，更不会顾及对方的感受。但人却完全不同，人的性关系浸透了爱的因素，所以称为"性爱"，交合称为"做爱"，爱就是情；除了情之外，还有义，要尊重对方的意志和感受，不只是自己享受，也要给对方带来欢悦。总之，人的性关系有情有义。正因为它具有这样的特点，有学者说性爱是最能体现既有利于自己同时又有利于别人的一种人际关系。

这样说并不意味着否认食欲和性欲的自然性，从道理上说，从来源上说，人的欲望是可以分出社会性和自然性这两个方面的。毫无疑问，食欲和性欲与人的身体器官有关，它们构成了欲望的生物学基础。但在欲望的现实发生上，社会性与自然性是交织在一起的。这就是说，仅仅只是自然性，或者仅仅只是社会性，都不能形成欲望。不存在着纯粹的自然性，因此不能从动物性上来界说人的本性。

人之所以为人，就在于他不断摆脱身上的动物性，拉大自己与动物的距离。

能 力

回 放

五台山上有一种鸟，叫寒号虫。它的样子很奇特，长着四只脚，有一双肉乎乎的翅膀。夏天盛暑的时候，它身上的羽毛非常漂亮，花纹斑斓，色彩绚丽，这让它非常得意，便大声叫着："凤凰不如我。"

不想天气转冷，寒冬来临，它身上美丽的羽毛像雪片一样一根根脱落了，最后变得光秃秃的像刚孵出来的小鸟，要多难看有多难看。这时它还在叫，不过词儿换成了"得过且过"，用来安慰自己罢了。

原 文 摘 要

五台山有鸟，名寒号虫。四足，有肉翅，不能飞，其粪即五灵脂。当盛暑时，文采绚烂，乃自鸣曰："凤凰不如我。"比至深冬严寒之际，毛羽脱落，索然如鷇(kòu)雏，遂自鸣曰："淂过且过。"

——陶宗仪《南村辍耕录·寒号虫》

南方有一种鸟，名字叫蒙鸠，它用羽毛做窝，又用细如发丝的草编在外面，把窝系在芦苇的穗子上。芦苇穗上系着重物，大风袭来，芦苇折断了，鸟窝掉到地上，鸟蛋打破了，小鸟也摔死了。

之所以会发生这样的灾祸，不是鸟窝做得不好，而是没有选对做窝的地方。

南方有鸟焉，名曰蒙鸠，以羽为巢，而编之以发，系之苇苕。风至苕折，卵破子死。巢非不完也，所系者然也！

——《荀子·劝学》

燕雀在屋檐下争抢好地方，母鸟哺育着幼鸟，其乐融融，过着舒心的日子，自以为很是安全。

没想到炉灶上的烟囱裂开了，火苗蹿了出来，烧着了房屋上面的木梁。

然而，燕雀毫不惊慌，依然快快乐乐的。这是为什么呢？是因为它们想不到大火将要殃及自己啊。

原 文 摘 要

燕雀争善处于一室之下，子母相哺也，姁（xù）姁焉相乐也，自以为安矣。灶突决，则火上焚栋，燕雀颜色不变，是何也？乃不知祸将及己也。

——《吕氏春秋·谕大》

简 议

以人的目光看，动物是低能者，它们没有志向，得过且过，混一天算一天；它们没有远见，只顾眼前，不会想到以后将会发生什么；它们没有判断力，只要灾难不直接降到自己头上，就盲目乐观地活着，等等。以上这几则寓言就是借动物来告诫人，如果丧失了志向、远见、判断力等这些人性的东西，那么人就降到了禽兽的水平上，灾难就会找上门来。

在儒家看来，人与动物的区分特别明显地表现在德和智两个方面。唐代文学家、哲学家刘禹锡（772～842）认为，人之所以能够成为动物中最优秀者，是因为懂得做人的道理，能够认识和利用自然界①。道德上的区别前文已经涉及，不赘述。这里谈谈古人是如何看待人的智力优势的。

明代儒学名臣刘基这样说，老虎的力量比人要大得多，但人却能战胜老虎，吃它的肉，用它的皮，凭的是什么？智慧。老虎

---

① 能执人理，与天交胜。用天之利，立人之纪。（《天论·下》）

使用的是体力，而人运用的是智力（《郁离子·智力》）。清代儒家学者戴震（1723～1777）讲得更深入一些，他说："人与动物不同的地方在于，人能够认识必然，而动物的生存只是顺应自然。"[1]由于智慧对人如此重要，战国末期儒家代表人物荀子（约前313～前238）这样概括："人之所以为人的原因，不在于只有人才长着两只脚而且身上没有毛，而在于人有思维能力。"[2]

动物缺乏智力，它不得不完全依赖于自然，以天赋而生存，必为天之奴。所以，人在多大程度上超出动物界，人也就在多大程度上摆脱自然的支配，成为自身的主人。

---

[1]　人之异于物者，人能明于必然，百物之生各遂其自然也。（《孟子字义疏证·上》）

[2]　人之所以为人者，非特以二足而无毛也，以其有辨也。（《荀子·非相》）

不做圣贤，便为禽兽

三国末期，吴国的义兴（今江苏宜兴）有个士族子弟名叫周处，我行我素，目中无人，尤其是胆子格外大，似乎从来就不知道什么叫害怕。

乡人敢怒不敢言，谁也惹不起这个活阎王。当时，义兴的水中有蛟龙出没，山中有猛虎伤人，加上横行乡里的周处，被百姓称为"三横"，其中周处最遭人恨。也不知人们用了什么法子，周处竟被说动了，只身进山杀掉了猛虎，接着又跳进水中与蛟龙搏斗。其实，明白点的人一眼就能看穿，乡人的用意不过是让"三害"互相残杀罢了。

周处在水里待了三天三夜都没露面。大家以为他与蛟龙同归于尽了，高兴极了，"三害"皆除，从此地方太平，人们相互庆贺。然而，周处并没有死，他杀了蛟龙，从水中爬上岸，听到乡人庆贺，猛然醒悟，原来自己在乡人眼中竟是大恶人。他羞愧极了，有了改正错误的念头，但心里又有些犹豫。

他听说陆氏兄弟是大贤人、大智者，便前往寻访，见到了陆云，诚恳请教。原来周处担心自己改正错误来不及了，迟迟下不了决心。陆云说："古人一向推崇'早晨听懂了人生道理，就算晚上死了也无妨'，有什么来得及来不及的呢？再说您还很年轻，前程远大得很，一旦确立了人生志向，何愁好名声不传播四方！"

就这样，周处彻底告别了昨天，走上了新生的道路，终于成为国家栋梁，最后英勇战死在沙场上。消息传回故乡，义兴的父老乡亲给他建造了一座祠堂，陆机做了一篇纪念文章，请大书法家王羲之抄写，制成石碑镶嵌在大殿的墙壁上，这座祠堂俗称"周王庙"。

原文摘要

周处年少时，凶强侠气，为乡里所患。又，义兴水中有蛟，山中有邅（zhān）迹虎，并皆暴犯百姓，义兴人谓为"三横"，而处尤剧。或说处杀虎斩蛟，实冀三横唯余其一。处即刺杀虎，又入水击蛟，蛟或浮或没，行数十里，处与之俱，经三日三夜，乡里皆谓已死，更相庆。竟杀蛟而出。闻里人相庆，始知为人情所患，有自改意。乃自吴寻二陆，平原不在，正见清河，具以情告，并云欲自修改而年已蹉跎，终无所成。清河曰："古人贵朝闻夕死，况君前途尚可。且人患志之不立，亦何忧令名不彰邪？"处遂改励，终为忠臣孝子。

——《世说新语·自新第十五》

简议

这是一个"不做圣贤，便为禽兽"的真实故事。

周处体魄强健，孔武有力，天不怕地不怕，敢于上山打虎，敢于下水杀蛟，然而做人却不怎么样，横行乡里，骚扰地方，大家敢怒不敢言。尽管他是人，但在人们眼中，其形象和行为与猛虎、恶蛟是一样的，所以被划入禽兽行列，与猛虎、恶蛟为伍，统称为"三害"。后来，周处幡然醒悟，痛改前非，重新做人，成为对国家对社会有用之才，献出了自己的生命，人们将他请进祠堂供奉起来，视他为圣贤。

"不做圣贤，便为禽兽"，是儒家思想的一个命题。圣贤就是我们前面说的君子，也就是理想人格的代表。现实生活中的人处在圣贤与禽兽之间，要不做圣贤，要不做禽兽，二者必居其一。这么讲，并不是说人如果成不了圣贤，就是禽兽，而是强调，人一定要向着理想人格的方向努力，只要沿着这个路向行进，人就脱离了禽兽，就有希望。所以孟子主张，只要去做，人人都可以成为尧、舜那样的圣贤①。

西方也有类似的说法，把人看成"半是天使半是野兽"。按照基督教的教义去做，天使的成分或者说人性就会增加，违背这个教义，人就会向野兽也就是动物性倾斜。尼采是基督教的激烈抨击者，是一切道德理论的敌人，但在他看来，人也徘徊在人与动物之间。他形象地把人生比喻为一条绳索，一端站着超人，另一端连着禽兽，人向前走过去就是超人，后退就是落入禽兽。什么是超人？超人就是超越自身走向强大自我的人，这里尼采更多的是强调一种不断超越的过程。在他看来，人类的祖先是猿猴，是动物，不超越就没有今天的人，正是超越创造了出类拔萃的新物种。但人类并没有彻底脱离动物，所以现在也一样需要超越，超越环境也超越自己，唯

---

① 曹交问曰："人皆可以为尧舜，有诸？"孟子曰："然。"（《孟子·告子下》）

如此，种群才能日益完美起来，维持现状、止步不前就意味着返回禽兽。

"不做圣贤，便为禽兽"，其价值并不在于号召人们成为圣贤，而在于营造一个过程，一个使人格不断丰满的过程。

拾得

人兽之辨实际上涉及历史观，我们从中可以挖掘出牵动社会进步的一个重大因素，即人自身的完善。

决定社会发展的根本原因是什么？是物质资料生产。生产满足人们的物质需要，又引发新的需要，为了满足新的需要，人们必须提高生产能力，正是这种反复过程，推动着社会物质生活的不断进步，同时也为人类的其他活动，诸如政治、艺术等提供基础。

然而，物质资料生产并不是社会发展的唯一动因，政治、艺术等也推动着人类进步，其中尤为突出的是人们对人格目标的追求。

马克思曾把迄今为止的历史称为"人类社会的史前时期"，因为在这个阶段上，以人的本质而言，人的发展还没有达到人的高度。譬如，劳动是人与动物的根本区别，但在现实生活中，劳动并不是人的自由自觉的活动，而是一种被迫的谋生手段；再如，动物只顾眼前不顾长远，而人也往往为了眼前利益牺牲掉长远利益，这些都是人性不完善的表现。所以，在马克思和恩格斯看来，人是生成的，也就是说，人的历史是人通过自己的活动不断脱离动物界而成为人的过程。这样，人类的面前就树立起了一个远大目标，马克思把它称为"人的本质"，我们这里也可以称它为理想人格。

儒家的人兽之辨，就是为世人确立理想人格的价值导向。当然，儒家以君子、圣贤为标志的理想人格也受着时代的局限，道德色彩过于浓重。但这个思路是可取的，而且在社会建构中发挥了极大作用，两千多年来引领着一代又一代中国人走向历史的明天，不仅仅是儒家门徒，也包括其他民众。

这就为我们提供了这样一个启示，推进历史发展的实际上有两大动因：一个是满足人们物质需要的生产，另一个是满足人们人格需要的人自身的提升。形象地说，它们构成了决定人类历史的纵横坐标图。

儒家主张的理想人格主要是道德的，那么，道德在儒家思想中占有怎样的地位呢？

道德是生命的核心

DAO DE SHI SHENG MING DE HE XIN

要 义

在个人生活中，道德具有最广泛的普遍性，是最高的权威。在人格上，道德素质高于能力素质，智慧、情感和意志只有具备道德内涵才有价值。

中华优秀传统文化是什么

儒家第一课

道德支配生活

道德是人生的核心，
支配现实生活的各个方面，
为什么这样说呢？

道德决定个人抉择

回放

齐国攻打鲁国，索要一只鼎。这只鼎的形状像一座小山，所以取名岑（cén）鼎，是鲁国的国宝。

鲁国的国君找了一只替代品，装上车派人送到齐国。齐国的国君围着这只鼎绕了一圈，怎么看怎么别扭，怀疑它是冒牌货，就把它退了回去，让人带话说："要是贵国的柳下季说这只鼎是岑鼎，我就接受它。"柳下季也被称为柳下惠，是鲁国的大夫，品德高尚，声名远扬。

鲁国国君赶紧找来柳下季，向他求救。

柳下季问："您向齐国国君行贿，是想用岑鼎免除国家的灾难。然而——"柳下季话锋一转，"我也有自己的'国家'，这就是我的信誉。以败坏我的'国家'来保住您的国家，这是我非常为难的。"

终于，真的岑鼎装上车送到齐国。柳下季不仅维护了自己的信誉，也保存了鲁国。

原文摘要

齐攻鲁，求岑鼎。鲁君载他鼎以注。齐侯弗信而反之，为非，使人告鲁侯曰："柳下季以为是，请因受之。"鲁君请于柳下季，柳下季答曰："君之赂以欲岑鼎也，以免国也。臣亦有国于此。破臣之国以免君之国，此臣之所难也。"于是鲁君乃以真岑鼎注也。

且柳下季可谓此能说矣。非独存己之国也，又能存鲁君之国。

——《吕氏春秋·审己》

在柳下季面前，摆着两样宝物：一样是一只鼎，鲁国的国宝；另一样是诚信，人们行动的准则，众人之宝。前者象征家国的利益，后者是通行天下的道理。要保住家国利益，就一定背弃信义，把假鼎说成是真鼎；要维护道义，就必须讲真话，违背自己君主的意愿，伤害家国利益。怎么办？

柳下季选择了后者。在他看来，道义大于家国，不仅是自己，即便是国君，也应该遵循诚信的准则，所以他拒绝了国君让他做假证明的要求。柳下季这么做对吗？对。因为道义代表的是所有的人，是天下的大宝，正如本书一开始引用的那则故事，孔子去掉了楚国人那句话中的"楚"字，将其变成天下人，天下人当然要比一只鼎、一个君主、一个家国更重大。

那么，违背道义的人会怎样？清代儒学名臣纪昀曾讲过这样一件事：乡里有个人姓张，颇有心计而诡诈多变，即使是对至亲骨肉也没有一句实话。一天，他赶夜路，迷失在田野里。隔着田垄看见那边有几个人围坐着说闲话，就大声呼喊着问："我应该怎么走？"几个声音一起答道："向北边走。"没走多远，就陷进了深深的烂泥里。又远远地向那些人呼喊着问路，几个声音又一起答道："往东边转。"向东走去，陷得更深，烂泥几乎没过了头，拼命挣扎，周围都是烂泥，怎么也出不来。这时，就听见远处传来鼓掌大笑的声音："你现在知道了说假话骗人的后果了吧？"话音就在耳边盘旋，却见不到一个人，这时才知道原来是鬼在捉弄他。（纪昀《阅微草堂笔记·滦阳消夏录》）其实，不是鬼捉弄他，而是他自己的神经出了毛病。欺骗别人的人，心地阴暗，总是盘算着如何害人利己，他们活得最累，因为必须要牢牢记住自己说过的话，时常要在心中默默复习，否则下次就会穿帮。所以他们精神高度紧张，思虑过度，疑神疑鬼，以至于出现了幻觉，可以说是上天的惩罚。

在儒家看来，没有什么比道义更重要的了，它应该成为个人行动的决定性因素。只要遵循道义，就一定能够行得通，得到人们的肯定，就像柳下季那样，即便是敌国，也会完全信任他。

道德决定处世态度

回放

孔子在卫国帮忙，他的学生子皋（gāo）当管理刑狱的小官。子皋曾处罚过一个犯人，砍掉了他的脚，派他去看大门。

有人在卫国国君面前诋毁孔子，诬蔑他要作乱，孔子躲避了。官吏来捉拿子皋，子皋慌慌张张跑出大门，那个犯人看见了，领着他藏进大门旁边自己住的屋子里，官吏空手而去。

子皋问那个犯人：“我下令砍掉了您的脚，因为我是司法官，不能违反国家法令。现在正是您报仇的大好时机，您反而领着我逃跑，我很想知道您为什么这样做？”

犯人说：“我被砍断脚是罪有应得，没有什么好说的。可是我看得很清楚，当初您定我的罪的时候，反复推敲法令，为我着想，想方设法减免对我的惩罚。等到案子审完，罪行判定，您的眉头皱得老高，心情很是沉重。我心里很明白，您并不是想袒护我，而是因为您有一颗同情别人的仁爱之心。这就是让我心悦诚服并且感激不尽的原因。”

原文摘要

孔子相卫，弟子子皋为狱吏，刖（yuè）人足，所刖者守门。人有恶孔子于卫君者……子皋从出门，刖危引之而逃之门下室中，吏追不得。夜半，子皋问刖危曰：“吾不能亏主之法令而亲刖子之足，是子报仇之时也，而子何故乃肯逃我？我何以得此于子？"刖危曰："吾断足也，固吾罪当之，不可奈何。然方公之狱治臣也，公倾侧法令，先后臣以言，欲臣之免也甚，而臣知之。及狱决罪定，公愀（cù）然不悦，形于颜色，臣见又知之。非私臣而然也。夫天性仁心固然也。此臣之所以悦而德公也。"

——《韩非子·外储说左下》

作为法官的子皋与那个犯人在身份上是对立的，他们的利益、处境和生活都有着根本不同，然而他们都服从道义，自觉地按照道义来确立自己的生活态度。

子皋的服从道义，表现为依法审案，依法定罪，他没有一点儿私心杂念，完全维护着法律的尊严，做着一个法官应该做的事情；但他同时又是一个人，在守法的前提下，依然怀抱着真挚的同情心。犯人的服从道义，表现为对公正和关爱的认同，不因自己遭受惩罚而心怀仇恨。这就使他们有了共同语言，在感情上也接近起来，尽管在社会角色上是敌对的，但在处世原则上却是同道。所以在子皋因遭诬陷而被追捕的生死关头，犯人把他藏了起来。

还有一类人，与子皋和那位犯人相反，他们处世油滑，被人视为投机分子。有则寓言这样说，凤凰过生日，所有的鸟儿都赶来朝贺，唯独蝙蝠不来。凤凰斥责它说："你是我的部属，怎么敢如此傲慢？"蝙蝠抬起脚来晃了晃，说："我有脚，属于兽类，以什么名义来向您朝贺呢？"麒麟过生日，所有的兽都赶来朝贺，唯独蝙蝠不来。麒麟斥责它说："你是我的部属，怎么敢如此傲慢？"蝙蝠抬起翅膀来扇了扇，说："我有翅膀，属于鸟类，以什么名义来向您朝贺呢？"一天，凤凰与麒麟碰上了，说起蝙蝠的事，不由得感慨一番，互相叹息着说："如今世风恶劣刻薄，竟然生出这类不禽不兽的东西，真是拿它一点办法也没有。"（冯梦龙《笑府·杂语》）这是祝寿，下属一定要送礼，所以蝙蝠不去，要是分发东西，见者有份，准落不下蝙蝠。

处世一定要遵循道德原则，堂堂正正地做人。

道德决定交往

回放

豫让一心为智伯报仇，不惜毁容变声去刺杀赵襄子。

他的朋友对他说："你的行为怎么这样让人费解？从前你追随过范氏、中行氏，他们被诸侯灭掉了，不见你有任何报仇的行动；轮到智氏被赵襄子他们消灭了，你却站出来非报这个仇不可，这是为什么？"

豫让看了他一会儿，开口道："这么说吧，范氏、中行氏在我寒冷的时候，根本想不到给我衣服穿，在我饥饿的时候，根本想不到给我饭食吃，在他们看来，我与其他上千个门客一样的穿、一样的吃就够了，他们完全像对待别人一样地对待我。那么好了，既然他们像对待众人一样对待我，那么我也像大家一样去回报他们。而智氏就不同了。我出门有车坐，回到家里有充足的衣食，跟大家伙一起去见他的时候，一定给我特殊的礼遇，这是像供养国士那样来对待我呀。既然他把我当作国士，那么我就以国士的行为来回报他。"

豫让曰："我将告子其故。范氏、中行氏，我寒而不我衣，我饥而不我食，而时使我与千人共其养，是众人畜我也。夫众人畜我者，我亦众人事之。至于智氏则不然，出则乘我以车，入则足我以

养，众人广朝，而必加礼于吾所，是国士畜我也。夫国士畜我者，

我亦国士事之。"

——《吕氏春秋·不侵》

豫让本来是智伯的门客，但智伯并没有拿他当一般的门客对待，而是待他以非同寻常的国士，这已经不再是主从关系了，而是具有了惺惺相惜的朋友性质。朋友被害，自己当然要为他出头，这是义不容辞的朋友之责，所以豫让拼了性命也要去报仇。

这个故事告诉我们，朋友之间最重要的是平等，这就是交友之道。对此，孟子这样说："不要倚仗自己年龄大，不要倚仗自己地位高，也不要倚仗自己兄弟富贵来交朋友。所谓结交朋友，交的是他的人品，不能够以什么东西为依凭。"[1]他提到一个叫孟献子的人，这是一位拥有百辆战车的大夫，他有五个朋友，都是平常人，无论是孟献子还是这五个人，都没有孟献子是大夫的意识，否则他们不可能成为朋友。

不只是结交朋友，其他关系也一样，都应该建立在道德原则之上。譬如，君臣关系，孟子强调两条：节操和守礼。他说："贤明的君王一定严肃而节俭，对臣下有礼。"[2]严肃而节俭是操守，有礼就是按照规矩相处，尊重对方人格。同样的，臣下也要用这两条

---

[1] 万章问曰："敢问友。"孟子曰："不挟长，不挟贵，不挟兄弟而友。友也者，友其德也，不可以有挟也。"（《孟子·万章下》）

[2] 孟子曰："……是故贤君必恭俭礼下，取于民有制。"（《孟子·滕文公上》）

来判断君王，孟子主张臣下要考察君王的心术，所谓"格君心之非"（《孟子·离娄上》），同时还要看他是否礼贤下士（《孟子·尽心上》），如果不合格就趁早离去。节操和守礼都属于道德问题，这表明在儒家那里，道德是处理人际关系的首要因素。

道德是做事的前提

齐国的国君齐庄公做人不检点，竟然与权臣崔杼（zhù）的妻子姜氏私通，崔杼怀恨在心，伺机报复。

一天，崔杼声称有病，没有去上朝。第二天，齐庄公就来到崔杼家，说是探望病人，其实他真正想见到的是姜氏。然而，他万万没有想到，等待他的不是柔情蜜意的美人，而是如狼似虎的武士，崔杼早已经安排好了，就等着齐庄公自投罗网。

武士一拥而上，杀死了齐庄公。

齐国的太史在史册上工工整整地写下一行字："齐崔杼弑（shì）其君光。"臣子杀死自己的国君叫弑，光是齐庄公的名字。崔杼大怒，杀掉了太史。接任太史职务的是被杀太史的弟弟，在史册上写的还是这句话，结果又被杀了头。他们的弟弟——第三个太史来了，仍然如实记下这件事，崔杼又把他杀了。第四个太史，也就是他们的小弟弟早早地等在一边，崔杼问他打算怎么写，他答道："齐崔杼弑其君光"，一个字都不带走样的。崔杼没辙了，只好听之任之。

这时，另一个史家南史氏带着一捆竹简正往齐国赶呢，如果第四个太史也被杀掉的话，他就顶上去。

原文摘要

太史书曰："崔杼弑其君。"崔子杀之。其弟嗣书而死者，二人；

其弟又书，乃舍之。南史氏闻太史尽死，执简以注，闻既书矣，乃还。

——《左传·襄公二十五年》

简 议

中国人历来强调"先做人，再做事"，意思是人要立得住，事业才能有成。什么是人能立得住，看看这几位太史就清楚了。太史是负责记录和编修历史的官员，这项工作最重要的就是实事求是，忠于史实，所以要求史官一定要正直无私，独立坚定，如果缺少这样的品质和志节，做人有亏，笔下记述的事件就很可能是走了样的。这几位太史是史官中的典范，他们在强权、暴力和死亡面前奋不顾身，前仆后继，决不屈服妥协，保持了做人的气节，正因为如此，他们才能做到忠于事实，忠于事业，我们也才能有这样一部部用文字记录的真实可信的历史。

同样的道理，别的工作也必须以道德为前提。我们前面在谈君子的时候，引用过孔子的话，"君子修养自己，从而能够达到使天下大众安居乐业"。安抚百姓是做事，前提是做事的人自己要修养好，站得正，立得直。

相反，如果违背道德，即使事情做成了，也是要遭到谴责的。公孙鞅——也就是后来主持秦国变法的被称为商鞅的那个人——投奔秦国后，一心想立功，便率军攻打魏国。魏国派公子卬（áng）应战。公孙鞅当初在魏国谋事时，曾受到过公子卬的照应，两人情同手足。公孙鞅向公子卬表白，说他跑到秦国谋富贵就是为了公子卬，所以哪能忍心跟老朋友交手，不如休战吧。等双方都罢了兵，公孙鞅请公子卬喝酒道别，席间伏兵一拥而上，俘获了公子卬。公孙鞅用诡计打赢了这一仗，但没人瞧得起他，就连秦王都想找茬治他，他只好跑到别的国家投靠熟人，但没人敢收留他。这样一个本领高超的人为何竟落到如此地步？原因很简单，因为他为人太差劲儿，大家都对他怀有戒心。

在儒家看来，做事一定要贯彻这样的精神："三军的统帅可以被劫走，但一个人志节不能被改变。"[1] 名利、地位、得失，都不能改变初衷，只有这样，事业才能走上正路。

---

[1] 子曰："三军可夺帅也，匹夫不可夺志也。"（《论语·子罕》）

道德大于生命

回放

齐湣（mǐn）王患上了恶疮，派人到宋国去请名医文挚。文挚来到齐国，察看了齐王病情，对太子说："大王的病是可以治好的，但他病愈后，必定会杀掉我。"太子问："为什么？"文挚答道："如果不激怒大王，病就治不好；但要是激怒了大王，我必死无疑。"

太子跪倒叩头，极力恳请，说："如果治愈了父王的病，我和母亲一定拼死与父王相争。父王一定会因为宠爱我和母亲而赦免您，请先生不必多虑。"

文挚沉默片刻，点点头说："好吧。"

文挚与太子约定好看病日期，一连三次都没有如约前往。

齐王非常生气，使劲憋着怒火。终于等来了文挚。他大大咧咧的，一点儿都不尊重齐王，穿着鞋子直接就踏上齐王的床铺，脚下踩着齐王的衣服，询问齐王的病情。齐王越发恼怒，不和他说话。文挚继续口出不逊，齐王终于忍不住了，嘴里叫骂着站了起来，病一下子就好了。

齐王怒火难平，执意将文挚煮了。太子和夫人急忙为文挚争辩，但没有任何效果，文挚还是被活活地扔进了汤水沸腾的大鼎里。

盛世时要做到忠心并不难，乱世中要做到忠心就很难了。文挚并非不知道治愈齐王的病后自己会死掉，他是为了太子去做这件事的，以成全太子做儿子的孝道。

原 文 摘 要

文挚曰："诺。请以死为王。"与太子期，而将注不当者三，齐王固已怒矣。文挚至，不解屦（jù）登床，履王衣，问王之疾，王怒而不与言。文挚因出辞以重怒王，王叱而起，疾乃遂已。王大怒不说，将生烹文挚。太子与王后急争之，而不能得，果以鼎生烹文挚……夫忠于治世易，忠于浊世难。文挚非不知活王之疾而身获死也，为太子行难，以成其义也。

——《吕氏春秋·至忠》

简 议

这是一个为了道义而献身的故事。

《论语》中有一句名言，是曾子讲的，"我每天要好几次省察自己：为别人办事，做到尽忠了吗？与朋友往来，信守诺言了吗？老师传授的学业，温习了吗？"[①]文挚占了其中的两条：一条是为别人办事，一条是与朋友往来。为别人办事一定要尽忠，所谓尽忠，就是尽心尽力；与朋友往来一定要守信，所谓守信，就是说话算话，说到做到。这属于道德问题，是不能掉以轻心的。只要帮别人的忙，答应别人的事，做得到做不到是一回事，但一定要全身心地去努力，前者有客观原因，受能力和条件的制约，而后者是主观态度，自己完全可以控制。

---

① 曾子曰："吾日三省吾身：为人谋而不忠乎？与朋友交而不信乎？传不习乎？"（《论语·学而》）

这两条文挚都做到了，而且完成得非常好，但却是以生命为代价的。他不是不知道这个后果，一开始他就很清楚，治愈齐王的病，他一定会被处死，但受人之托，答应了去做这件事，这就有了道德责任。这时候，道德上的完成高于一切，个人安危降到了次要位置上，所以他丢了性命也在所不惜，这就叫义无反顾。

在儒家意识中，每个人的头顶都高悬着道义，它是最高权威，在它面前，个人是渺小的，为了道德，人们应该能够舍弃一切，包括自己最宝贵的生命。孔子认为："有志节有道德的人，不会为了活命而背弃原则，宁肯牺牲生命来成就人生理想。"[①] 孟子说："鱼，是我希望得到的；熊掌，也是我希望得到的。如果这两样不可以同时获得，我就放弃鱼而留下熊掌。生命是我希望拥有的，道义是我希望坚守的。如果这两样不可以同时做到，那我就舍弃生命而坚持道义。生命本来是我所追求的，但在我所追求的东西中还有比生命更贵重的，所以我不愿意苟且偷生。"[②]

为什么一定要选择道义？为什么道义在生命之上？因为道德是使人成为人的东西，也就是说是人之本性，如果没有道义这个内核，生命还有什么意义？所以人应该选取道义。这就是人们常说的"舍生取义"，不是偶尔为之，不是一时一事，而是价值观意义上的取舍，是人生最关键、最重大、最根本的选择。

---

① 子曰："志士仁人，无求生以害仁，有杀身以成仁。"（《论语·卫灵公》）
② 孟子曰："鱼，我所欲也；熊掌，亦我所欲也。二者不可得兼，舍鱼而取熊掌者也。生，亦我所欲也；义，亦我所欲也。二者不可得兼，舍生而取义者也。生亦我所欲，所欲有甚于生者，故不为苟得也。"（《孟子·告子上》）

拾 得

道德至上主要有两层含义：一是道德具有最广泛的普遍性，一是道德具有最高的权威性。所谓普遍性，就是道德存在于一切人的意识和行为之中，为人们所共同遵守；同时，它又具有超出某一具体历史时期的内容，为各个时代所共有。譬如，孝在古代是每个人都必须遵循的行为准则，其中赡养和尊重的内容在今天也仍然发挥着作用。所谓权威性，就是道德具有支配人们行为的效力，人人都必须服从它，这种服从是无条件的。仍然以孝为例，做子女的就要尽孝，这没什么可讲的，不能提出某种条件来进行交换，那种以你给我房产我就尽赡养义务的行为，既不道德也违法。

关于这两层含义，哲学家康德（德国，1724～1804）提出了三条，即普遍立法、人是目的以及意志自律。"普遍立法"说的是，道德是人人必须无条件遵守的规范和律令，相当于为大家"立法"，所以又叫作绝对命令。譬如有人失足落水，看见的人一定要跳下去救人，不管落水者的地位、职业和年龄，也不管救人者是什么身份，即使落水者是一个贫穷的垂暮老人，而救人者是一个名牌大学的学子，也必须这么做，是不能去计算什么值不值的问题的，这就是绝对命令，是人格的要求。"人是目的"体现了人的尊严和平等，人在自己的行为中，不能把别人当作手段加以利用，跳进水中救人，就是为了把他拉上岸来，如果是为了出名或者索要好处，就是把落水者当作手段了。"意志自律"说的是，人自觉地用律令来规范自己的行动，意味着为自己"立法"，由于自己的行为与规范和律令完全一致，这样的人也就达到了自由。正如一个有着不随地吐痰的习惯的人，不随地吐痰的规定对他就构不成限制，他这么做完全是自然而然的、自由自在的。

可以发现，儒家的道德至上与康德的道德思想十分接近。就拿故事中的文挚来说，他贯彻的忠和信就是人人都必须遵守的"普遍立法"，他没有任何先决条件，义无反顾地去执行这个绝对命令；他没有任何个人私利，无论是托付他的太子还是他医治的齐王，都是他的目的：一个是成全做儿子的孝道，一个是为病人解除痛苦；他这样去做，不受谁的强迫，完全是自律的行为。

儒家的道德至上观，有其历史根源。孔子的思想是在周文化的传统中孕育而成的。周国本来是殷商的属国，后来取代了比他强大得多的殷商，夺得了天下，凭的是什么？周人认为是道德，是因为自己比殷商的道德表现好，上天才选择了周。孔子非常赞同这一认识，主张依从周，在自己的思想中极力突出道德的本体地位。更重要的是，这种思想被推广应用为大众实践，成为一种主流文化，一种生活方式，影响和支配了中国社会两千多年的进程。

民国后，虽然西学勃兴，国学衰落，但传统道德并没有失去它的价值。当代学者叶嘉莹说，20世纪二三十年代，父辈们对她的教育模式是"新知识、旧道德"。本领要以西学来支撑，但做人还要走传统的路子。五四时期最具影响力的新文化运动倡导者胡适就是这方面的一个典型。本来他是有意中人的，为尊母命却不得不忍痛割爱，与一位旧式女人结婚，后来也曾想过选择新生活，但还是与妻子走完了一生。他去世时蒋介石曾送来一副挽联："新文化中旧道德的楷模，旧伦理中新思想的师表。"

即使在今天，社会的巨大变化仍然没有使这种生活方式消失，它的要素顽强地存在于任何一个中国人的身上，可以说每一个人以及他的生活都是儒家文化的存储器和记忆场。人们不一定着意去读儒家的书，但一样会受到儒文化的影响，人们的处世、言谈，社会的习俗、礼仪，乃至建筑布局、村镇风貌，都发挥着潜移默化的熏陶作用。

这就从现实生活的角度说明，儒家的道德观念具有合理性，否则它绝不会绵延至今。

道德决定人的素质

道德至上的观念反映在人格上，
就是放大道德素质，
将人格道德化。

道德与才干

回放

冉求是孔子的学生，他多才多艺，在这一点上，很受老师的赏识，但在道德修养上却不大注意。

后来，他到鲁国三大贵族之一的季氏那里做家臣。季氏的财富已经超过了鲁国的国君，但仍不知足，想用按照田亩收税的办法聚敛钱财，便派冉求向孔子咨询。孔子很不高兴，对冉求说："难道你不知道吗？先王制定的土地制度，以地力的肥瘠为等级，结合劳动力的强弱来收税，老少都考虑到了，丧偶的鳏夫、失去丈夫的寡妇、没有父母的孩子、丧失劳动能力的残疾人也都照顾到了，遇到战事还规定了收税的上限。先王以为这已经足够国家之用了。如果季氏打算依据制度办事，有周公制定的规则摆在那里；要是想违背制度，去做就是了，又何必来问我呢！"

见冉求走上仕途后在道德上仍不进步，孔子非常失望，伤心透了，对他的学生们宣布："冉求不再是我的同道。"并号召大家"敲着大鼓去批判他"。

原文摘要

季康子欲以田赋，使冉有访诸仲尼。仲尼不对，私于冉有曰："……若子季孙欲其法也，则有周公之籍矣；若欲犯法，则苟而赋，又何访焉！"

——《国语·鲁语下》

季氏富于周公，而求也为之聚敛而附益之。子曰："非吾徒也。小子鸣鼓而攻之可也。"

——《论语·先进》

简 议

古人一般将人的素质分成两大部分：德和才。说一个人是人才，便说他德才兼备。德在才的前面，二者相比较，德是第一位的。孔子说："千里马称为骥（jì），不是赞美它的力气，而是赞美它的品质。"[1] 冉求很有才，孔子在回答子路有关理想人格问题的时候，就拿冉求的多才多艺说过事，但孔子仍然号召学生们群起而攻之，而且还要敲着鼓壮大声势，为什么？因为冉求做人有问题，助纣为虐。

也是春秋时期，晋国的国君景公见到楚国俘虏钟仪，便叫过问话。先问他祖上官职，回答是乐官。又问他是否会乐器？回答说，我祖祖辈辈都是干这个的，我不敢再从事别的职业。景公命令钟仪弹琴，他弹奏的都是楚国的乐曲。随后景公问他楚共王的情况，他说这样的事不是自己可以知道的。景公一再追问，钟仪才说，共王当太子的时候，上午由婴齐授课，下午授课的是子侧，就知道这么多。景公把谈话的内容说给大夫范文子听。范文子说，钟仪真是君

---

[1] 子曰："骥不称其力，称其德也。"（《论语·宪问》）

子呀！他把自己的职业与祖上官职相联系，说明他不忘本；弹奏的曲子是楚国音乐，说明他不忘旧；谈到他的君主，讲的是幼年的事，与大局无关，说明他不忘国，这样的人是可以委以重任的。于是，晋景公就给钟仪备了一份厚礼，送他回楚国去办理两国和解的事情。钟仪为什么被敌国选为担当和平使者？不是因为他的琴奏得好，而是因为他品质高尚。

南宋时，宋高宗赵构问岳飞，天下何时才能太平，岳飞答道："文臣不爱钱，武臣不惜死，天下太平矣。"（《宋史·列传·岳飞》）清后期儒学重臣曾国藩深以为然，他说，当文官的不爱财，再平庸亦是良吏；当武官的不怕死，再粗鲁亦是好将。这里说的是官员，着眼的是德行，不爱钱是文官之德，不怕死是武将之德，只要做到这一条，即使能力差一些，也能把国家的事情办好。

德是本，才是末；德是体，才是用，这个关系不能颠倒。

道德与知、情、意

道德与智慧

　　春秋时期，秦国派孟明视率军袭击郑国。郑国商人弦高、奚施要去西边的周国做生意，半路上碰到了秦军，吃惊地说："哎呀，这支大军远道而来，目标一定是我们郑国。"

　　弦高让奚施回郑国报信，自己假装是郑国的使者，带着礼物到秦军中去慰问。弦高对秦将说："我们国君早就听说贵国军队要来，没有见到贵军，我们国君和士兵私下很是担心，每天心上都挺沉重，像是压了块大石头，唯恐贵国士兵过于疲惫，缺少干粮。我们已经等得太久了！我们国君特派我用玉璧犒劳贵国军队，并且送上十二头牛充作膳食。请将军收下。"

　　秦国的三个将军互相看看，解释道："我们国君没有派出使者，只是让我们孟明视、白乙丙、西乞术三个臣子去东边察看晋国的道路，不想走过了头，迷了路，误入贵国。"然后，他们跪下拜了两拜，叩头至地，接受了礼物。

　　弦高走后，秦军三个将领很是惊恐，商量道："我们行军几千里，穿过许多诸侯国去偷袭别人，没有不走漏消息的。我们人还没到达，人家已经知道了，这说明他们的准备一定非常充分。"于是，便率大军撤离了郑国。

原 文 摘 要

郑贾人弦高、奚施将西市于周，首遇秦师，曰："嘻！师所从来者远矣。此必袭郑。"遽使奚施归告，乃矫郑伯之命以劳之，……三帅乃惧而谋曰："我行数千里，数绝诸侯之地以袭人，未至而人已先知之矣，此其备必已盛矣。"还师去之。

——《吕氏春秋·悔过》

简 议

这是一个关于智慧的故事。

弦高在危急关头巧妙设计，吓退敌军，不可谓不智慧，但使他青史留名的，首先在于他对国家高度负责的主动精神。弦高不过是一个普通商人，国家大事自有国君和大臣们操心，他的本职工作就是做买卖，遇上敌情，派人回去报信，可以说已经尽到了一个国民的责任，自己不妨继续去赚钱。但他没有这样做，竟然冒着生命危险，搭上自己的财物去慰劳敌军。决定他这样做的，是他心中的是非观念，知道在这种情况下，自己应该做什么，不应该做什么。孟子说："明辨是非的心，就叫作智。"①

将明辨是非视为智，也就为智慧注入了道德内容。这就是说，儒家所倡导的智慧，不等于一般的智谋，而是道德化了的东西，即使是在智术领域，譬如使用诈术，也必须以是非为前提。

① 是非之心，智也。（《孟子·告子上》）

　　战国时期，政治家和军事家吴起在楚国推行新政，侵犯了大贵族的利益，他们恨死了吴起。后来支持吴起的楚悼王死了，显贵们找吴起的后账，他们用箭射他，吴起跑到放置楚王尸身的房子里，伏在楚王遗体上，把身上中的箭拔出来，插入尸身，大声喊道："群臣射王尸！"按照楚国法令，用兵器触碰王尸的人要处以株连三族的重罪（《吕氏春秋·贵卒》）。吴起真不愧是谋略大师，临死还玩了个阴谋，拉着反对派跟他一块儿去死。诈术搞到这个份儿上，可谓到头了，天下无人能及，但这样的智慧绝对为儒家所不齿，属于阴谋诡计一类，别的不说，只毁损尸身这一条，就过不了道德关。

　　在儒家那里，智慧不是单纯的谋略，而是一种道德。

道德与爱

回放

　　战国时期，齐国与燕国发生了战争，陈翠劝说两国和解，齐国要求燕王的弟弟去齐国充当人质，燕王点了头，但太后不答应，说陈翠分离她们母子，并放出狠话，一定要给他点颜色瞧瞧，出这口恶气。

　　不想陈翠自己送上门来了。

　　陈翠望了望太后，问："您怎么瘦了？"

　　太后哼了一声，说："仰仗先王吃剩下来的鸡鸭鱼肉，怎么能瘦？要是真的瘦了的话，一定是将要让公子去当人质这件事给闹腾的。"

陈翠叹了口气，说："现在我知道了，国君家对孩子的关爱不如普通百姓家，不只是不疼爱孩子，而且是特别不疼爱儿子。"

"这话怎么讲？"太后瞪大了眼睛。

"您把女儿嫁给诸侯，生怕她受委屈，不仅陪嫁千金，还要送出去方圆百里的土地，为她的打算够周到的了。可是轮到公子就不同了。大王想封给他弟弟一块土地，大臣们都不赞成，因为公子没有尺寸之功。于是，大王就让他去当人质，有了这个功劳就可以分封了，但您却不同意。所以我说国君家不关爱儿子。"陈翠答道。

等了一会儿，见太后没有反驳，陈翠又说："现在大王和太后还在世，公子可以享受富贵，一旦你们都不在了，新王登位，公子就降到百姓的行列。要是他现在还得不到分封的话，怕是一辈子都不会有封地的了！"

太后恍然大悟，吩咐立即给儿子准备行装车辆，尽快上路去齐国。

原文摘要

陈翠合齐、燕，将令燕王之弟为质于齐，燕王许诺。太后闻之，大怒，曰："陈公不能为人之国，亦则以矣。焉有离人子母者？老妇欲得志焉！"

……陈翠曰："……且太后与王幸而在，故公子贵。太后千秋之后，王弃国家，而太子即位，公子贱于布衣。故非及太后与王封公子，则公子终身不封矣！"太后曰："老妇不知长者之计。"乃命公子束车制衣，为行具。

——《战国策·燕策二》

这是一个关于爱的故事。

春秋以及后来的战国时期，各诸侯国之间经常发生摩擦和战争，为表示和解的诚意，往往要把本国的公子也就是王子送给对方当人质，相当于高级俘虏。燕太后心疼自己的小儿子，生怕他到齐国当人质受罪，所以反对陈翠的建议。

天下没有不关爱子女的父母，这是人之常情，天性使然。但爱分为两类：一类是过分地养护、纵容，是为溺爱，最容易发生在母亲身上，因为没有原则，常被称为妇人之仁；另一类相反，表现为严格要求，是有原则的。燕太后不是一般的老百姓，但也不能免俗，她的爱就属于前一类，心情可以理解，但不明智，是一种短视行为，其中缺少道德内涵，是一种不负责任的爱，不只对国、家、社会不负责任，就是对子女本人也不负责任。溺爱养大的人，性格往往有问题，也没有什么真本事，弄不好会成为大家的负担。

那么，怎样的爱才是负责任的呢？孔子这样说："爱护一个人，能不让他劳苦吗？忠诚一个人，能不给他规劝吗？"[①]真正的爱就意味着让人经受劳苦生活，包括勤劳身体、节俭度日、恪守规矩、

---

① 子曰："爱之，能勿劳乎？忠焉，能勿诲乎？"（《论语·宪问》）

克制欲望，等等，总之，真正的爱是与道德联系在一起的。

在儒家看来，关爱不是单纯的情感，而是一种道德。

道德与勇敢

 回 放

齐国有两个热衷于炫耀勇敢的人，谁也不服谁的气。

这天，两人在路上不期而遇，互相瞪着眼珠子瞧了一会儿，共同提议一起喝几杯。

几巡酒下来，其中一位咂咂嘴，说："这酒喝得郁闷，没有下酒菜，我去弄些肉来佐酒。"

另一人微微一笑，说："这里就有现成的肉，何劳老兄跑腿？"见对方不解，遂伸出一根手指点了下对方，又点了下自己，补充道："备一碟豆瓣酱就行。"

那人哈哈大笑，大拇指一挑："好主意！"于是，两人一齐拔出刀子，分别从自己身上割下肉来，蘸了酱送进嘴里。

你割一条，我割一条，谁也不甘落后。就这样边吃边割，一直到死。

像这样的勇敢还不如没有勇敢。

 原 文 摘 要

齐之好勇者，其一居东郭，其一居西郭。卒然相遇于涂，曰：

"姑相饮乎？"觞数行，曰："姑求肉乎？"一人曰："子，肉也；我，肉也；尚胡革求肉而为？于是具染而已。"因抽刀而相啖，至死而止。勇若此不若无勇。

——《吕氏春秋·当务》

这是一个有关勇敢的故事。

还有一个故事，也发生在两个人之间。一个人腰上挎着把象征"士"的身份的长剑，名叫韩信；另一个人是本地屠夫，喜欢显示自己的体魄和胆量。一群人起哄，屠夫拦住了韩信，说："别瞧你长这么大个子，还带着剑，其实是个孬种。"见韩信不说话，眼角扫了下众人，提高了声调说："你小子要是不怕死，就拔出剑捅了我，替我偿命；要是不敢，就从我裤裆下头钻过去！"韩信定睛看了他一会儿，又看看众人，然后慢慢伏下身子，从屠夫的胯下爬了过去。"轰"的一声人们笑了起来，都说韩信是胆小鬼。

谁是勇者？两个齐人吗？那位屠夫吗？

两个齐人不怕痛、不怕死，不能说不勇，但这种勇丝毫不能引起人们的好感和尊敬，反而令人生厌、恐怖，因为他们的行为纯属争强好胜，是为了满足虚荣心而糟践自己的身体和生命，没有什么价值，是根本不必要的。这种勇跟打架斗殴没有区别，属于孔子所说的"恶勇"，孟子所说的"好勇斗狠"，是不智也是不孝的行径。那个屠夫也一样。这样的勇没有道义内容，不是真正的勇。

相反，真正的勇者是韩信。为什么这样说呢？因为他能分清是非轻重，对自己的生命负责，对自己的志向负责，对关爱他的那些人负责，所以他不逞一时、一事之能。以身高体壮的大男人形象、腰上佩剑的"士"的身份，当着那么多人的面，从别人的裤裆下爬了过去，而那人不过是个杀狗的无赖，面对自尊，这需要多大的勇气！都说"士可杀而不可辱"，而韩信宁可受辱也要活下去，面对舆论，这需要多大的勇气！韩信的行为渗透着对自己生命和事业的肯定，对自我价值的确认，对自己前途的坚信，是一种在挫折、屈辱和苦难中顽强地活下去的生存之勇，有着道义内容在里面。

荀子曾对勇敢作了如下区分：为争夺饮食而大打出手不畏众强的行为，是"狗彘（zhì）之"，彘就是猪，这种行径不顾廉耻，不分是非，本质上与禽兽没有区别；为争夺财物而无所畏惧的行为，是"贾盗之勇"，与奸商盗贼无异；残暴而无视生命的行为，是"小人之勇"；为坚持道义而不屈服的行为是"士君子之勇"（《荀子·荣辱》）。前三种勇都跟道德无关，是等外品。

在儒家看来，勇敢不是单纯的意志，而是一种道德。

拾 得

本节是从两个层次来谈人格道德化的，一个是道德与才干的关系，一个是道德与知、情、意的关系。

在儒家思想中，智、仁、勇这三种品质被看成一个整体，统称"三达德"。所谓达，就是通达，意思一是说三者之间相互渗透，二是说具有这样素质的人，能够通行天下。现代心理学把人的基本心理现象分为三大块，即知、情、意，也就是智慧、情感和意志，可以说，这种分法与"三达德"相吻合。其中，知对应智慧，情对应仁爱，意对应勇敢。儒家将智、仁、勇道德化，也就是将知、情、意道德化，再加上将道德放在才干之前，也就放大了人格中道德的分量。

上一节我们说过，在儒家那里，道德被视为生活的最高权威、准则，这一节我们说，儒家将人格道德化，从哲学上看，这都表明了道德本体化的思想。

什么是本体？通俗地说，就是独立存在。譬如，在柏拉图那里，理念就是本体，因为它是最原初的东西，不依赖于别的什么而存在。中国当代哲学家、美学家李泽厚在他的"历史本体论"（又称"主体性实践哲学""人类学文化本体论"）中提出，社会生活中存在着两个结构面，一个是"工艺—社会"结构面，另一个是"文化—心理"结构面。前者是外在的、工具性的，包括科技、工艺、社会关系、社会结构，等等；后者是内在的、意识性的，包括情感、意志、道德思想，等等。"工艺—社会"结构面具有优先地位，是历史的原动力，是人类得以成为主体的根本原因，是本体，而"文化—心理"结构面尽管某种意义上依赖于"工艺—社会"结构面，但也是本体。

为什么这么说？因为某种文化心理形成后，就获得了独立性，广泛存在于上一代人的思想中、行为中、生活方式中以及社会环境中，成为客观精神，也就是先于下一代人后天经验的意识，影响着一代人的心理构成。这种想象用李泽厚先生的话来说，就是"心理变本体，历史变理性，经验成先验"。这是就文化心理对人的影响来说，就文化心理自身而言，包含了某些绝对的因素，譬如道德，其中的一些规范，像忠实于友谊，就是绝对的，在任何时代都为人们所倡导，是不以物质生活变化为转移的。

儒家道德就是这样一种"文化—心理"。李泽厚先生认为，孔子通过教诲学生，删订文献，使儒家思想和道德这种心理模式日益渗透在民众的生活、关系、习惯、风俗、行为方式和思维方式中，通过传播、熏陶和教育，在时间中延续，在空间上扩充，终于铸成了全民族的"文化—心理"结构。这也是儒学所以能够成为华夏文化主要的原因。

谈道德一定要涉及利益问题，因为道德的高尚是由利益来衬托的。那么在道德与利益的关系上，儒家有哪些主要观点呢？

道义的价值导向

DAO YI DE JIA ZHI DAO XIANG

要 义

欲望是与生俱来的，但不能放任自流，要用道德给予制约。利益是人人都追求的，但与道义相比，永远处于次要的位置上。

中华优秀传统文化是什么

儒家第一课

道义高于欲望

欲望是人的天性，
道德是人人必须遵守的最高权威，
那么，二者的关系是怎样的呢？

欲望是本能

回放

汉朝以来，国家选拔人才通常靠高官的推荐和征聘，读书人要想步入仕途，一定要与高官搭上线。这种方法弊端极多，不仅做不到公平，选拔范围也很窄，随意性很大。隋朝统一天下，将选拔人才也统一起来，采取公开考试的方式录用人才，这种方式就叫"科举"。

隋朝存在时间很短，只进行了四五次全国考试。唐朝建立后，唐太宗李世民认为这个制度好，大力推广科举，一年举行一次，吸引了天下所有读书人的目光，因为只要中举就能当官，坐收名利。

一天，李世民微服私访，一眼看到新中的进士们从城门中像鱼儿似的排着队一个挨一个走出来，人人脸上喜气洋洋，几分得意中又带着对朝廷的感激和敬畏，不禁叹道："天下英俊都被我射中，落入我的口袋里了。"

后来，一个叫赵嘏（gǔ）的进士作诗说："太宗皇帝真长策，赚得英雄尽白头。"为了取得功名，儒生争先恐后地往唐太宗设置的圈套里跳，苦读寒窗，熬得头发白了还不罢休。

原文摘要

太宗曰："天下英雄尽入吾彀（gòu）中矣。"

——王定保《唐摭（zhí）言》

简　议

科举为什么有这样大的吸引力？唐太宗李世民为什么能够一网打尽天下英雄？

《论语》主张："学习之后，深有心得，就应该去从政。"①意思是说，读书人通过学习得到提高，这时候就可以去做官，施展所学，为老百姓做好事。后人强化了其中的功利成分，将读书视为博取功名富贵的一般选择，而要实现这一选择，参加科举又是最可靠的甚至是唯一的路径。

这种认识从源头上看是有根据的。孔孟并不回避欲望和功利问题。孔子认为："追求富有与尊贵，是每一个人的欲望。"②说到自己，他甚至这样讲："财富如果可以得到，就是去市场当个看大门的，我也乐意。"③在儒家看来，欲望是与生俱来的，孟子说："嘴巴对于美味，眼睛对于美色，耳朵对于好听的声音，鼻子对于芬芳的气味，手足四肢对于安逸舒适，这种种喜爱都是天性。"④

为什么说欲望是天性？因为它属于人的本能，不用学就会。儒家经典《礼运》就是这样认为的。《礼运》概括出人的两大本能，即最基本的欲望和最基本的恐惧，饮食男女，也就是食欲和性欲，

① 子夏曰："仕而优则学，学而优则仕。"（《论语·子张》）
② 子曰："富与贵，是人之所欲也；不以其道得之，不处也。"（《论语·里仁》）
③ 子曰："富而可求也，虽执鞭之士，吾亦为之。"（《论语·述而》）
④ 孟子曰："口之于味也，目之于色也，耳之于声也，鼻之于臭（xiù）也，四肢之于安佚也，性也，有命焉，君子不谓性也。"（《孟子·尽心下》）

是人的最大欲望，死亡和贫困则是人的最大恐惧。正是这种欲望和恐惧，构成了人类行为最强烈的出发点①。

追求功名富贵就是人们满足自己欲望和避免贫困的具体表现，所以儒家在这一点上相当理直气壮，把实现个人功利视为建立积极进取的人生态度的一个重要内容。

①　何谓人情？喜、怒、哀、惧、爱、恶、欲，七者弗学而能……饮食男女，人之大欲存焉；死亡贫苦，人之大恶存焉。故欲恶者，心之大端也。（《礼记·礼运》）

以道制欲

戒备的态度

　　管仲在家里请齐桓公吃饭。太阳渐渐落山了，齐桓公正在喝酒兴头上，吩咐点上蜡烛接着喝。

　　管仲摆摆手，说："白天招待您喝酒，我占卜过；夜间招待您，我还没有占卜。请您退席吧。"

　　齐桓公很不高兴，说："眼见着仲父您一天天老了，我跟您在一起作乐的时候还能有多长呢？夜里接着往下喝吧。"

　　管仲说："您说得过分了。凡是贪图美味的人，道德就卑微；凡是沉迷享乐的人，最终都要忧伤。壮年懈怠就会失去时机，老年懈怠就会失去功名。如今我对您进行劝诫，怎么可以沉迷于美酒中呢！"

　　管仲可以说是注重树立品行的人了。他非常清楚，过分享乐会造成品行堕落，所以在享乐时态度要更加严正；过分尊贵会造成品行败坏，所以当君主由着性子时，他便加以制止。管仲申明自己的意志，按照事理行事，不因为尊贵和享乐而改变，用这种态度来侍奉他的君主，这就是齐桓公之所以能够成就霸业的原因啊。

原文摘要

管仲觞桓公。日暮矣，桓公乐之而征烛。……管仲曰："君过矣。夫厚于味者薄于德，沉于乐者反于忧。壮而息则失时，老而解则无名。臣乃今将君勉之，若何其沉于酒也！"管仲可谓能立行矣。凡行之堕也于乐，今乐而益饬（chì）；行之坏也于贵，今主欲留而不许。伸志行理，贵乐弗为变，以事其主。此桓公之所以霸也。

——《吕氏春秋·达郁》

简 议

所谓以道制欲，就是不能放纵欲望，要用"道"来制约。"道"通俗地说，就是人人都应该遵守的根本道理。

管仲劝说齐桓公的话就是这样的道理。放纵欲望会影响品行，沉溺享乐会伤害身体；壮年不努力就会失掉建功立业的机会，老年对自己要求不严格就会失去以往的功名，这个道理对任何人都适用，君主也不例外。

孔子肯定人们对富贵的追求，但同时强调要有不贪求的心态。子张请教孔子，怎样才能把政务做好？孔子的办法是推行五种美德，杜绝四种恶行。五种美德中的一种就是"有欲望但不贪求"。孔子进一步说，当官使人获得了施惠于民也就是行仁爱的机会，而自己并没有耗费财物，你既然已经得到了，还贪求什么呢？（《论语·尧曰》）

儒家经典《礼运》也认为，对欲望不能放纵，应该进行"调和"

（"冶人七情"）。怎么调和？孟子的办法是寡欲，他说："修养心性没有比减少欲望更好的方式了。一个人的为人如果欲望少，即便人性有所缺失，也不会缺失很多；如果欲望旺盛，即便人性有所保留，也不会保留很多。"①

不贪求、调和、寡欲，表明的都是对欲望的基本态度。孔子把它具体化为"三戒"，他说："要成为君子，必须做到三个戒备：年轻时，血气还没有稳定，着重应该戒备的是好色；进入壮年，正当血气旺盛，着重应该戒备的是争强好胜；到了老年，血气已经衰微，着重应该戒备的是贪求。"②

在这里，孔子结合人生发展的不同年龄段，根据生理、思想和性格变化，指出需要戒备的具体内容。少年是长身体、学知识的时期，应该爱护身体，集中精力，所以特别要注意戒色；壮年是做事情、建功业的时期，容易与人发生矛盾，争长论短，应该以和为贵，搞好人际关系，所以特别要注意戒斗；人进入老年，为自己考虑就会多一些，容易计较财物、名誉、地位，应该保持平和淡泊的心态，所以特别要注意戒得。

总之，一定要把欲望控制在一定程度内，这不仅关系生存质量，还关系人性的完满。

---

① 孟子曰："养心莫善于寡欲。其为人也寡欲，虽有不存焉者，寡矣；其为人也多欲，虽有存焉者，寡矣。"（《孟子·尽心下》）
② 孔子曰："君子有三戒：少之时，血气未定，戒之在色；及其壮也，血气方刚，戒之在斗；及其老也，血气既衰，戒之在得。"（《论语·季氏》）

正当的途径

回放

春秋时期，楚国有位大夫叫斗且，他讲过这样一件事。楚国的前令尹（相当于宰相）子文，家里连一天的积蓄都没有，吃了早饭，还不知道晚饭在哪儿。

楚王每次会见他时，都要准备一束干肉和一筐粮食，让他带回家去。有人问子文，人活着就是为了追求富贵，可你却逃避它，这是为什么呢？子文说，从政为官是为了保护民众，百姓大多没有余财，如果我去榨取他们，那就离死亡没几天了，所以我不是逃避富贵，而是逃避死亡！果然，没有多久，楚国的几个权臣连同他们的家族就被灭掉了，只有子文的后代还在。

后来，斗且遇见了楚国现令尹子常，这位权臣问他聚敛财富的办法。斗且感叹道："楚国大概要灭亡了！"果然，一年后吴国进攻楚国，楚国大败，要不是申包胥千辛万苦地跑到秦国搬来救兵，楚国真的就灭亡了。

原文摘要

斗且廷见令尹子常，子常与之语，问富货聚马。归以其弟，曰："楚其亡乎！不然，令尹其不免乎……昔斗子文三舍令尹，无一日之积，恤民之故也。成王闻子文之朝不及夕也，于是乎每朝设脯一束，糗（qiǔ）一筐……（子文）对曰：'夫从政者，以庇民也。民多旷者，

而我取富焉，是勤民以自封也，死无日矣。我逃死，非逃富也。'
故庄王之世，灭若敖氏，唯子文之后在。"

——《国语·楚语下》

对于欲望，光有戒备的态度还不够，还必须解决满足欲望的途
径是否正当的问题。

子文的故事简直是前面引用的《礼运》的话的注脚。富贵是人
人都渴求的东西，死亡是人人都逃避的东西，子文作为一个大国的
权臣，要想富贵易如反掌，但他明白，绝不能走榨取民众的路子，
因为这样做意味着自取灭亡。道理很简单，官员的职责本来是保护
百姓的，而现在却从他们身上发财，如此伤天害理，能有好下场
吗？子文懂得这个道理，不仅保全了自己，也维护了子孙后代；其
他权臣不懂得这个道理，靠压榨民众来满足自己欲望，结果被灭了
族；后来掌权的子常不接受教训，结果带累得连国家都差点儿被灭
掉了。

前面在谈到欲望是天性时曾引用过孔子的话："追求富有与
尊贵，是每一个人的欲望"，这是半句话，紧接着下半句是："但
是如果不通过正当途径来获得，君子是不会接受的。"① 这就明确
指出，仅仅从天性出发还不够，同时必须加上正当性，天性加上正
当性才是合理的。联系到自己，孔子说："用不正当手段得来的富

① 子曰："富与贵，是人之所欲也；不以其道得之，不处也。"（《论语·里仁》）

贵，对我来说好像浮云一样。"①

什么是途径的正当性？我们不妨再看一个故事。

吴王阖闾（hé lú）想杀掉与自己争夺王位的庆忌，但此人勇猛过人，没人能杀得了他，猛士要离自告奋勇去做刺客。为了取得庆忌的信任，阖闾杀了要离的妻子和孩子。要离投奔庆忌，两人处了一段时间，庆忌放松了警惕，趁着过江的机会，要离拔剑刺入庆忌的胸膛。庆忌怜惜他的忠勇，没有杀他，只是揪住他的头发在江水中浸了三次。之后庆忌因重伤死去。要离为阖闾除去了心头大患，阖闾想用共同分享国家的办法来酬谢他，但要离一口回绝了。他这样说，为了做成这件事，他的妻子和儿子搭上了性命，这是不仁；杀死新主人庆忌，这是不义；被庆忌提着头发投进水中淹了三遍，这是耻辱。在这里，不仁、不义、耻辱就是不正当，靠着不正当的手段取得的富贵，一个"士"怎么可以接受呢？所以他只有一死。

途径的正当性是以道义作为标准的。

___

① 子曰："……不义而富且贵，于我如浮云。"（《论语·述而》）

欲望的改造

公父文伯是春秋时期鲁国的大夫，他下朝回来向母亲敬姜请安。母亲正在绩麻，公父文伯说："像我们这样的人家，主母还要亲自绩麻，我怕这件事传出去会触怒季康子，以为我不能很好地侍奉母亲呢。"季康子是鲁国执政的大夫，与公父文伯同族，都属于季氏。

敬姜叹了口气说："哎，我看鲁国恐怕要完了，怎么让你这样不懂事的孩子治理国家。你给我听好，从前圣明的君主安置人民，总是要他们到贫瘠的土地去生息，让他们辛勤劳作，然后再加以使用，所以才能够长久统治天下。为什么呢？因为民众经过劳苦就会想到节俭，想到节俭就会产生善心；而安逸就容易放纵，放纵就会忘记善良，忘记善良就会产生坏心思。生活在肥沃土地上的人很少成材，是因为安逸的缘故；生活在贫瘠土地上的人大多向往仁义，是因为劳苦的缘故。"

停了停，敬姜又说："有地位的人用心力操劳，没有地位的人用体力操劳，这是先王留下来的训诫。从上到下，谁敢产生放纵思想，懒怠不出力呢？而你方才却说出'为什么不自求安逸'这样的话，抱着这样的心思来当官，我怕这个家族的人将被灭绝而后继无人了。"

孔子听到了敬姜这番话，对学生说："你们牢牢记住她的话吧，季氏家的媳妇不是一个贪图安逸的人啊！"

原 文 摘 要

其母叹曰:"鲁其亡乎!使僮子备官而未之闻耶?居,吾语女。昔圣王之处民也,择瘠土而处之,劳其民而用之,故长王天下。夫民劳则思,思则善心生;逸则淫,淫则忘善,忘善则恶心生。沃土之民不材,逸也;瘠土之民莫不向义,劳也……君子劳心,小人劳力,先王之训也。自上以下,谁敢淫心舍力?……尔今曰:'胡不自安。'以是承君之官,余惧穆伯之绝嗣也。"

仲尼闻之曰:"弟子志之,季氏之妇不淫矣。"

——《国语·鲁语下》

简 议

欲望是天生的,但却是可以改造的。

按照前面孟子的说法,追求安逸舒适是人的一种天性,我们看到,勤劳正好相反,它是身体的劳苦,是一种为了生存而不得不去做的行为,所以不是天生的欲望。正因为人生性好逸恶劳,劳动一般都由社会下层来从事。然而,在这个故事里,敬姜这位贵妇人却亲手绩麻。其实,她根本用不着劳动,她家是公族,与国君是本家,属于大贵族阶层,儿子又当着官,敬姜作为这家的主母完全可以过一种饭来张口、衣来伸手的生活,但她不。在她那里,劳动已经成了一种习惯,或者说是一种欲望,她根本闲不住。

这样的事情我们在今天也能看到。北京四通桥附近,一位老太太每天清晨 5 点半准时出现在报摊上卖报,下午 5 点收摊回家,天天雷打不动，坚持了8个年头。大冷的天，她就蜷缩在那里，白发苍苍，神情憔悴。最初人们以为是她家经济困难或子女不孝敬，后来才搞清楚，她家根本不缺钱，子女待她也很好，之所以出来卖报，就是为了找个事情做，她的老伴说："她觉得卖报舒坦，不用在家闲着，单坐着就能来点儿小钱儿。"

人的欲望本来是好逸恶劳，而现在却变成了好劳恶逸，欲望被改造了。那么，这是怎样发生的呢？从敬姜的话中我们可以看出来，是通过环境和道德教育进行改造的。人们生活在贫瘠的土地上，只有通过艰辛劳作才能生存下来，由此也就培养出了节俭勤劳的意识和习惯，从而克服了放纵安逸的思想。这就是道德变习惯，习惯变欲望。

儒家承认欲望，但并不消极对待，而是坚持改造的原则。

知足的心态

颜回是孔子最欣赏的学生，也是最穷困的学生。

一天，孔子叫过颜回，问道："回，你又穷又没有地位，为什么不去做官呢？"孔子办学的根本目的就是培养治理天下的英才，"学而优则仕"，所以他希望学生们都能走上仕途。无论在人品道德上，还是在学问能力上，颜回都是第一流的，只要他乐意，进入官场并不困难，同学中许多不如他的人早就当上官了。

颜回答道："我不愿意做官。我在城郭外有五十亩田地，打的粮食足够我喝上稠米粥；在城郭里还有十亩地，产的桑麻完全可以供给我做衣服。平时弹琴自娱，从夫子您那里学到的道理足可以使我自得其乐。所以我不想做官。"

孔子高兴地说："你的想法太对了！我曾经听说，'知足者不以追逐利益而烦劳自己，自得者不以个人损失而忧惧，有德者不以没有地位而惭愧。我诵读这些话已经很久了，今天在你身上得到了体现，这是我的一大收获呀。"

知足是一种大快乐。

原文摘要

孔子谓颜回曰："回，来，家贫居卑，胡不仕乎？"颜回对曰："不愿仕。回有郭外之田五十亩，足以给飦（zhān）粥；郭内之田十宙，足以为丝麻；鼓琴足以自娱，所学夫子之道者足以自乐也。回不愿仕。"孔子愀（qiǎo）然变容，曰："善哉，回之意！丘闻之，'知足者，不以利自累也；审自得者，失之而不惧；行修于内者，无位而不怍。'丘诵之久矣，今于回而后见之，是丘之得也！"

——《庄子·让王》

都说知足者常乐，颜回之乐就是这种快乐的一个典型。

《论语》中孔子对这种乐趣是这样说的："颜回的德行真好啊，一竹篮饭，一瓢水，住在破旧的巷子里，别人都忍受不了这种生活的忧愁，他却不改变自己的快乐。颜回的德行真让人称道呀！"[①]

那么，为什么说这是一种乐趣呢？因为没有烦劳，没有忧惧，没有羞愧，而之所以没有这些精神上的负担和压力，就在于人们对自己的物质生活很知足。既然知足，就用不着去追名逐利，不用计算个人得失，也无须去与人攀比，保持从容淡泊的心境。

知足的意义可以从两个方面说：一个方面是人与外界的关系，因为知足，财富、地位、名声都构不成对人的诱惑；另一个方面是人与自身的关系，因为知足，人摆脱了欲望的纠缠，不受欲望的驱使。这样，人在外与内两个方面都获得了自主，这才是人格的真正独立。

---

① 子曰："贤哉，回也！一箪食，一瓢饮，在陋巷，人不堪其忧，回也不改其乐。贤哉，回也！"（《论语·雍也》）

这样讲并不是说人应该彻底去除功名富贵心，要是这样，就不是儒家了，而是说，要保持自主性，不要把个人功名和得失看得太重，因为世上还有比功名富贵更重要的东西，比如说志向、学问和道义。功名心过盛，别的就会被遮蔽，而在淡泊中，大志向才能更加明朗和坚定。

颜回就是一个怀抱着远大理想的人。孔子办学，分德行、言语、政事、文学四科，颜回品德高尚，成绩优异，被孔子列为德行科的第一名。孔子说他是"仁人"，甚至说他在仁德上超过了自己。颜回的志向很大，希望能够主持一个小国的政局，将其建成"大同"社会。

在儒家那里，知足是为了更好地进取。

拾 得

欲望问题是人们最关心也是最难说清楚的问题之一，宋明时期的理学家在这上面做足了文章。理学又称道学，以阐释义理为主旨，是儒学在宋代和明代的一个独特形态。

理学家中，尤以朱熹的一句话最为著名，他说："圣人千言万语，只是教人存天理，灭人欲。"（《朱子语类》卷十二）什么是天理？理相当于先秦儒学的"道"，就是根本道理，被视为形而上，是纯粹精神性的东西，仁、义、礼、智等就属于这样的理。理在万事万物之先，譬如，在具体的夫妻关系建立之前，已经存在着夫妻之间相处的道理，像地位、礼仪、规范之类。由于理在事先，所以称为天理。每个人的心中都存在着天理，同时也存在着欲望。什么是人欲？欲望可分为两类：一类符合理，是善的；另一类违背理，是恶的。拿食欲来说，吃饭喝水，是人的生存所必需的，所以是善的欲望；而追求美味、铺张浪费则是恶的欲望，因为它违背了节俭爱物的道理。在朱熹那里，后一种欲望就是人欲。

"存天理，灭人欲"灭的不是欲望，而是欲望中"恶"的那部分。朱熹认为，天理与人欲是格格不入的，人欲占了上风，心中的天理就会被遮蔽而衰竭；弘扬天理，人欲必然遭到驱逐。所以朱熹大声疾呼，革尽人欲，复尽天理！

儒家关于道义与欲望、天理与人欲的关系的论述，实际上涉及人的社会性与自然性的关系问题。人是自然界发展的一个成果，他不可能完全去除自己身上的自然性，像人的肌体会发生饥饿，饿了就要吃，吃下的食物会被肠胃吸收，这类的自然现象将永远伴随人类。前文中我们说过，人一旦结成社会，欲望便被社会化了，这是就内容而言的，但从来源上说，从形式上说，可以将欲望归为自然性。

孔子和孟子肯定欲望是人的天性，朱熹认为欲望来源于"气"，也就承认了欲望的自然属性，而孔孟主张以道义来制约欲望，朱熹主张"存天理，灭人欲"，表现的都是人的自然性必须服从社会性的思想。在欲望问题上，儒家的姿态是积极主动地干预，坚决反对放任自流。

从这里我们可以看到儒家的一个思想特征，就是竭力突出社会性的一面。

道义高于利益

利益是欲望在现实生活中的延伸，
与欲望一样，
利益问题上也同样存在着是否合理的问题。

义重利轻

回放

春秋时期，楚平王无道，为了铲除太子势力，杀掉了太子的师傅伍奢和他的一个儿子伍尚，另一个儿子伍员逃跑了。伍员字子胥，素有谋略，还非常勇敢，是少有的人才。楚王害怕伍子胥报仇，决心除掉他，严令各地抓紧搜捕。

伍子胥打算逃到吴国去，来到了长江边上。水天一色，苍茫一片，只有一个打鱼老人摇着条小船在风波中出没。子胥叫过小船，请求老人送他过江。老人答应了，把他送过了长江。

子胥问老人姓名，老人没有告诉他。子胥解下腰间佩带的剑，双手捧到老人面前，说："这是一把价值千金的宝剑，请您收下。"

老人瞥了宝剑一眼，望着江对面的楚国说："按照楚国的法令，捉住伍子胥的人，封给爵位，享用万石米的俸禄，还赐予黄金千镒（yì）。"老人突然收回目光，看着面前的人说："从前伍子胥从这里经过，我尚且不捉他去领取封赏，如今我要你的宝剑干吗？"

伍子胥到吴国受到重用，曾派人到江边寻找老人，但始终不见踪影。伍子胥每次吃饭都要祭奠那位江上老人。

古人并不是没有财宝，只是他们对财宝的看法与今天的人们不同罢了。

原文摘要

伍员亡……至江上，欲涉，见一丈人，刺小船，方将渔，从而请焉。丈人度之，绝江。问其名族，则不肯告，解其剑以予丈人，曰："此千金之剑也，愿献之丈人。"丈人不肯受，曰："荆国之法，得伍员者，爵执圭，禄万担，金千镒。昔者子胥过，吾犹不取，今我何以子之千金之剑为乎？"伍员过于吴，使人求之江上，则不能得也。每食必祭之，祝曰："江上之丈人！"

——《吕氏春秋·异宝》

简议

什么是义？什么是利？朱熹认为，义是人的行为符合天理，利则是欲望所追求的东西。[①]

江上老人送伍子胥过江，出于道义。伍家世代忠良，在楚国民众中口碑不错，他知道伍氏是被冤枉的，所以愿意帮助伍子胥逃亡，在他看来，这是自己应该做的事，没什么好说的。因此，当伍子胥用千金之剑酬谢他的时候，被一口回绝了。正如他说的那样，要是讲利益的话，捕捉伍子胥所得到的奖励要远远超过宝剑。不说别的，仅黄金一项，楚王开出的价就是千镒，一镒为二十两，千镒就是两万两。由于老人追求的是义，再大的利益在他眼中也不过如同粪土，不起一丝一毫的作用。

---

① 义者，天理之所宜。利者，人情之所欲。（《论语集注》卷二）

正如肯定欲望一样，儒家也不排斥物质利益。儒家鼓励读书人建立功名，追求富贵，这其中就包括物质利益。然而，利益与道义相比较，道义是第一位的，如果二者只能取其一的话，那么，儒家主张应该毫不犹豫地取义而舍利，因为道义是做人所绝对不可缺少的，脱离了道义，人就降到了禽兽的水平，而损失了利，人仍然不失为人。

儒家经典《左传》说："凡是有血气的，都有争夺之心，所以利益不能强取，见利思义才是最高明的。义是利的根本。"①

---

① 凡有血气，皆有争心，故利不可强，思义为愈。义，利之本也。（《左传·昭公十年》）

取利有道

春秋时期，莒（jǔ）国有位太子名字叫仆，他不满意父亲纪公改立他的弟弟为继位人，竟杀害了国君，带着莒国的国宝前去投奔鲁国。

鲁国的国君鲁宣公很高兴，派人拿着他的亲笔信去找执政的大夫季文子，信中说："莒太子为了我，竟然背着弑君弑父的恶名杀了纪公，带着国宝来投奔我，可见他太爱我了，你替我好好赏他一块封地做采邑。今天一定办妥，不要违背我的命令。"

送信人半路上遇到太史里革，里革偷偷地把信的内容改成："莒太子竟然杀害他的国君，还敢窃取国宝来投奔鲁国，这种大逆不道的东西还想来亲近我，你替我把这家伙流放到东夷去。今天一定办妥，不要违背我的命令。"

第二天，有关部门报告执行情况，鲁宣公才发现信被篡改了，立即把里革抓了起来。宣公问里革："违反国君命令的人该当何罪，你知道吗？"

里革说："知道。我还知道，破坏制度的人是乱贼，掩护乱贼的人是窝主，盗窃国宝的人是内盗，使用被盗国宝的人是奸人。害得国君您背上窝主和奸人罪名的人，我不能不把他赶走。我违反了国君命令，也不能不杀。"

宣公低下头想了想，说："我确实太贪心了，这不是你的罪过。"

便下令放了里革。

里革遇之而更其书曰："夫莒太子杀其君而窃其宝来，不识穷固，又求自迩，为我流之于夷。今日必通，无逆命矣。"明日，有司复命，公诘之，仆人以里革对。公执之，曰："违君命者，女亦闻之乎？"对曰："臣以死奋笔，奚啻（chì）其闻之也！臣闻之曰：'毁则者为贼，掩贼者为藏，窃宝者为宄（guǐ），用宄之财者为奸。'使君为藏奸者，不可不去也。臣违君命者，亦不可不杀也。"公曰："寡人实贪，非子之罪。"乃舍之。

——《国语·鲁语上》

儒家肯定人们对利益的追求，但这并不意味着主张什么样的利益都可以拿，因为这里有个是否拿得合理的问题。在这一点上，儒家的态度很明确，符合道义的利益可以拿，违背道义的利益绝不能伸手。所以，在面对利益的时候，孔子主张"见得思义"，意思是见到了自己想要的东西，要考虑一下应该不应该得到它。（《论语·季氏》）

前面说过，义指的是人的行为符合根本道理，做到了这一点，就叫作相适宜，所以儒家经典《中庸》说："义就是相适宜。"①

---

① 义者，宜也。（《中庸》）

所谓应该不应该得到，就是是否相适宜，是否合理。

故事中的莒太子投奔鲁宣公，事情的起因是，他没能当上国君的继位人而谋杀了国君也就是自己的父亲，在莒国待不下去了，便出逃鲁国，为了能使鲁国收留自己，便偷走国宝去贿赂鲁国国君。显然，他的行为伤天害理，他献给鲁宣公的国宝是赃物。而鲁宣公居然财迷心窍，不光收下这份厚礼，还要赏他一块领地。显然，鲁宣公的行为也是大不应该的，他收下的是不义之财。正像里革说的那样，莒太子破坏国家制度，是乱臣贼子，而鲁宣公保护他，便成为窝主；莒太子盗窃国宝，是盗贼，而鲁宣公使用被盗窃的国宝，便成为奸人。所以，鲁宣公得到莒国的国宝是没有道理的。

在儒家那里，不存在单纯的利益问题，利益是与道德紧密相连的，有着道德前提。为了道义而舍弃利益，对个人来说是一种物质损失，但却维护了多数人的权益，维护了社会的基本秩序，所以必须设置这样一个底线。儒家甚至把这一问题上升到社会安定的高度，荀子说："义能够制约住利，社会就能安定有序；利克制了义，社会就陷入混乱。"①

面对利益的诱惑，人特别容易糊涂，在这时候应该多想想怎样做才合适，这可以避免出现差错，所以孟子说"义，使人走上人走的道路"②，也就是正确的、合理的道路。

---

① 义胜利者为治世，利克义者为乱世。（《荀子·大略》）
② 义，人路也。（《孟子·告子上》）

应取则取

　　鲁国有民众流落到其他诸侯国做奴仆，鲁国法律规定，凡是有人用钱将他们赎回来的，可以从国库里领取费用。

　　孔子的学生子贡是个巨商，很有钱，走的地方也多。他从别国赎回了鲁国人，国家给予补偿，他再三辞让，不从国库中领钱。孔子听说了这件事，叫着子贡的名字发表意见说："赐的做法有过失，从今往后，鲁国不会再有人去赎人了。"接受国库的钱，对人的品行并无损害；不接受国库的钱，反倒造成了没有人去赎人的后果。

　　孔子的另一个学生子路，勇敢而仗义，他跳到水里救起一个落水的人，那个人送给他一头牛报答救命之恩，子路收下了。孔子听说了这件事，评论道："鲁国人一定会去解救落水的人。"

　　孔子的见解之所以如此透彻，是因为他目光远大。

原 文 摘 要

　　鲁国之法，鲁人为人臣妾于诸侯，有能赎之者，取其金于府。今子贡赎鲁人于诸侯，来而让，不取其金。孔子曰："赐失之矣。自今以往，鲁人不赎人矣。"取其金，则无损于行；不取其金，则不复赎人矣。子路拯溺者，其人拜之以牛，子路受之。孔子曰："鲁人必拯溺者矣。"孔子见之以细，观化远也。

——《吕氏春秋·察微》

简 议

两件事情，两种不同的处理方法，两个完全相反的效果。

道德不是投资，人不应该为了获取利益而去做好事，这没什么可说的。然而，做了好事，别人感激你，进行报答，那就是另外一回事了。子贡和子路遇上的就是这类问题，子贡花钱赎回了人，按规定本该由国家还给他这笔费用，但他却回绝了，这样做，在道德上是很高尚的，他有这个心也有这个力，但毕竟想得太窄了。他根本没有意识到，在道德之外还有一个法令，也没有意识到，像他这样又有道德又有钱的人在鲁国恐怕只有他子贡一个人。其他人再遇到做奴仆的鲁国人，就会想，我若赎了他，再去国库中领取费用，别人是否会认为我不高尚呢？于是就不会花钱赎人了。子贡的做法使法令失去了效力。子路就不同了，虽然救人不图回报，但对答谢并不拒绝，大大方方地收下了别人酬谢的牛。

孔子不是就事论事，不是只在救人者与获救者这个小范围中来看问题，而是从社会整体看问题，他的观点很明确，按照规定，考虑到社会效果，该拿的，也就是合理的，一定要拿。这绝不是个人的事情，它关系法令的权威和社会风气。

尽量不取

公仪休担任鲁国宰相，他非常喜欢吃鱼，全国人都争着买鱼献给他，但被他一一拒绝了。

他的弟弟劝他说："您喜爱吃鱼却不接受，这是为什么呢？"

公仪休答道："正是由于我爱吃鱼，才不敢接受。因为如果收受了人家的鱼，一定会有迁就对方的表示；而迁就他们就会做出违背法令的事情；违背了法令，就会被罢免宰相的官位。那时，虽然我喜爱吃鱼，也不一定还有人送给我鱼，我又不能够自己弄到鱼。相反，如果我拒绝了他们送来的鱼，就不会被罢免宰相，在这个位置上，保证经常有鱼吃是没有问题的。"

原 文 摘 要

公仪休相鲁而嗜鱼，一国尽争买鱼而献之，公仪子不受。其弟谏曰："夫子嗜鱼而不受者，何也？"对曰："夫唯嗜鱼，故不受也。夫即受鱼，必有下人之色；有下人之色，将枉于法；枉于法，则免于相。虽嗜鱼，此不必致我鱼，我又不能自给鱼。即无受鱼而不免于相，虽嗜鱼，我能长自给鱼。"此明夫恃人不如自恃也，明于人之为己者不如己之自为也。

——《韩非子·外储说右下》

简议

鱼不比黄金、钱财之类的东西，不过是寻常人家盘中之物，值不了几个钱。对于官员来说，收下别人送的黄白之物，铁定的是受贿，而收下鱼，恐怕没人说这是受贿。鱼属于可收可不收的东西，不收，别人不会说你多么廉洁；收了，别人也说不出什么。

公仪休的态度是不收。因为如果仅仅是几条鱼的事情，问题就简单了，吃了就是；但人家送鱼给他，是为了求他办事，要求得到特殊照应，而公仪休只要接受了鱼，就意味着答应帮人家的忙，这样就会做出违背法令的事情。到了这一步，问题就闹大了，违法是要罢官的，一旦失去了相位，还有人再给他送鱼吗？显然不会再有了，而他自己又不会捉鱼，那时就再也吃不上鱼了。

对于可以拿也可以不拿的东西，孟子主张不拿，他说："可以取，可以不取，取了损坏廉洁。"[①] 这不是东西的贵重与否、数量多少的问题，说得高一些，这是节操问题，说得平实一些，这是个习惯问题。一旦开了口子，顺手了，就会由小到大，一发不可收拾，那时大难就降临了。

---

① 孟子曰："可以取，可以无取，取，伤廉。"（《孟子·离娄下》）

拾 得

　　欲望、利益与义理的关系其实是官能享受与理性的关系问题。孟子就是这么看的。他把人的身体分为小体和大体，小体是肉体感官，大体是心灵。眼睛和耳朵这类感官属于小体，不会思考，所以时常被外物所迷惑；心灵就不同了，它具有良知，能够获得道义，也就是根本道理。跟着感官欲望走，容易堕落，以良知为指导才是正途。所以个人一定要牢牢树立起心灵的主导地位，使官能服从理性，这样人就不会被过分的欲望所驱使了（《孟子·告子上》）。

　　朱熹也是这样看的。他认为，出于欲望追求利益体现的是"血气之自然"，也就是人的自然性，而以天理来进行规范和引导，体现的则是"知其必然"，也就是义理。如果任其自然，就会步入歧途，造成种种灾难，最终丧失对物质的享受，只有遵守必然，使自己的行为符合理性，才能实现欲望对利益的追求（《孟子字义疏证·理》）。

　　不难看出，儒家是主张官能享受服从理性的，换句话说，也就是主张为了道义人应该牺牲掉个人幸福。这与康德的观点很接近。康德认为，个人的快乐、利益或幸福属于感觉经验，是不能构成道德的根源的。之所以如此，是因为官能是自然赋予人的，每个人都有自己的需要和利益，各自的官能感受也不一样，如果将个人的快乐和利益作为处理人际关系的准绳，这个标准只能是个别的，定然导致各有各的道德，而不能形成普遍共同的道德。所以，道德一定是先验的具有普遍性的规范和律令，是理性，康德把它叫作绝对命令。所谓先验，就是先于个人经验，超越个人经验。所谓绝对，就是人们的意志必须无条件地服从这个律令。

由于这个律令超越个人自然欲望，服从律令就意味着牺牲个人幸福。譬如，一个人跳进水中救人，他在官能上快乐吗？不快乐。这不是游戏，是救人，肉体和精神都处于极度紧张状态，他根本没有十足把握将人救上来，说不定还会被拉到水底。至于利益，更无从谈起，对方正在水里挣扎，其回报能力无人知晓。所以，道德不是人去屈从官能享受和自然欲望，而是运用理性克制和战胜自己身上的自然诉求，去牺牲掉自我的快乐、利益乃至无比宝贵的生命。世界上一切生命中，只有人才能做到这一点，动物受趋利避害的自然法则的支配，不可能这样去做，因此也只有人的行为才能称得上高尚，才具有深深的震撼力。

主张理性高于感性、社会性高于自然性，实际上也就把重心放在了群体的上面。

群 QUN

体 TI

优 YOU

先 XIAN

要 义

个人与群体相比较，群体处在根本的位置。
这在观念上，表现为公正和谐；在组织实体上，
表现为爱国爱家；在制度规范上，表现为克己
复礼。

中华优秀传统文化是什么

儒家第一课

克己奉公

现实生活中，
人既要维护自己，
又要维护群体，
那么，
人应该怎样处理个人与群体的关系呢？

公正和谐

公正

回放

这件事发生在春秋时期。晋国的国君晋文公重耳问咎犯："西河缺少一个主持守御的人，您看派谁去合适？"咎犯是晋国的大夫，又叫狐偃（yǎn），是重耳的舅舅。

咎犯回答："虞子羔挺合适。"

"他不是您的对头吗？"晋文公惊讶地问。

"是的。"咎犯点了下头，说："您是问我谁可以去守御西河，并没有问我的对头是谁啊。"

晋文公接受了咎犯的建议，派虞子羔去防守西河。虞子羔见到咎犯，道谢说："您宽容了我的过错，还向国君推荐我，没有您的大度，我得不到这个职务。"

咎犯正色道："我推荐您是出于公心，我怨恨您是出于私情。我不能拿个人私事来损坏国家利益。我盼着您到了西河之后，能够发挥您的才能，不辜负国家的重托。"

原文摘要

晋文公问于咎犯曰："谁可使为西河守者？"咎犯对曰："虞子羔可也。"公曰："非汝之仇也？"对曰："君问可为守者，非问臣之仇也。"羔见咎犯而谢曰："幸赦臣之过，荐之于君，得为西河守。"咎犯曰："荐子者公也，怨子者私也。吾不以私事害公义。子其去矣，顾吾射子也。"

——《说苑·至公》

类似这样的故事在古代很多，其中最著名的就是"祁奚（祁黄羊）荐才"。这个故事也发生在春秋时期的晋国，比咎犯的故事稍晚一些。祁奚从中军尉的职位上退下来，晋悼公向他咨询继任人选，他推荐了解狐，而这位解狐正是祁奚的仇家。国君接受了这个建议，但不想解狐突然死了，国君再次咨询祁奚，这回他推荐的是自己的儿子。刚好祁奚原来的副手也去世了，国君接着问他谁可以接任这个职务，他又推荐了这个副手的儿子。这件事太典型了，载入了史册。《春秋左传》说："祁奚确实是一个能够推举人才的人。称赞他的仇人，不是谄媚；安排他的儿子，不是营私；推举他的副手，也不是结党。"后人把这种做法概括为"荐才不避仇，举贤不避亲"。

在私人场合，仇人就是仇人，儿子就是儿子，没什么可说的；但在公事的场合，就没有仇人和儿子了，只有国家的利益，咎犯和祁奚对公私分得很清，绝不把私情带到公事中。在他们看来，私情是个人的事情，而公事则是大家的事情，前者代表个人，后者代表群体。二者相比，私为小，公为大，私情必须服从公利。

由于他们把私人的好恶、恩怨和亲疏远近等个人因素统统抛在一边，能够做到不偏不倚，一碗水端平，这就是客观公正。所以，人们时常把公正与无私联系在一起，是谓"公正无私"。

公正无私体现的就是群体至上的观念。

和谐

蔺相如为赵国办了两件大事：一件是出使秦国，为赵国保住了国宝和氏璧；另一件是陪着赵王与秦王在渑（miǎn）池相会，保住了赵王的面子。赵王拜蔺相如为上卿。

赵国还有一位上卿，就是大将廉颇，他曾大破齐军，以骁勇善战驰名诸侯。

廉颇和蔺相如虽然都是上卿，但蔺相如的职位在廉颇之上，弄得廉颇心里很是别扭，因为他的上卿是凭着野战军功挣来的，而出身卑微的蔺相如凭的不过是嘴皮子功夫，为什么职位就在他上面？廉颇越想越生气，便放出狠话来，一旦蔺相如让自己碰上，必定当面给他难堪。

这话传到蔺相如耳中，他尽量避免与廉颇单独见面，要是路上望见廉颇的车子，远远地就掉头避开。他的门客们愤愤不平，认为蔺相如胆子小得都叫人替他脸红，请求允许他们离去。蔺相如问："廉将军与秦王哪一个厉害？""当然是秦王。"门客们回答。

蔺相如说："秦王那么威风，我都敢在他的朝堂上斥责他，羞辱他的群臣，即便我再无能，至于害怕他廉颇吗？"

"那您干吗躲着他呢？"门客们又问。

"在我看来，强大的秦国之所以不敢对赵国动武，是由于赵国有我和廉颇，如果我们两个人争起来，一定是两败俱伤的结局，那时赵国就危险了。所以，我回避廉将军，是以国家急难为先而以个人私仇为后啊。"蔺相如说。

廉颇听到这番话，就赤着上身，背着荆条，到蔺相如门上请罪。他们终于和好，结成生死与共的朋友。

蔺相如固止之，曰："公之视廉将军孰与秦王？"曰："不若也。"相如曰："夫以秦王之威，而相如廷叱之，辱其群臣。相如虽驽，独畏廉将军哉？顾吾念之，强秦之所以不敢加兵于赵者，徒以吾两人在也。今两虎共斗，其势不俱生。吾所以为此者，以先国家之急而后私仇也。"

廉颇闻之，肉袒负荆，因宾客至蔺相如门谢罪……卒相与欢，为刎颈之交。

——《史记·廉颇蔺相如列传》

儒家主张"和"，宣称"和为贵"。然而要达到和谐，是有条件的，这就是必须放弃一己之私，以群体的团结、社会的安宁、国家的事业也就是公利为重，否则和谐就是一句空话。

　　廉颇犯了两个错误：一个是看问题的角度，一个是处理问题的出发点。先看第一个错误。廉颇与蔺相如两个人，谁的功劳更大？看怎么说。照廉颇的办法比，自己的功劳大，但同样的，蔺相如也可以用他的标准来衡量，认为自己功劳大。所以从个人角度看问题，很难得出公道结论。再看第二个错误。人们相处，不可能没有矛盾，有了矛盾怎么办？是加剧它、扩大它、激化它，将小事变为大事，使它升级，最后弄得不可收拾？还是缓和它、缩小它、化解它，将大事化小，小事化无，最后相互谅解和好？廉颇的出发点是个人意气，不跟对方争出个高低输赢，决不罢休。这两个错误可以概括为一点，就是一己之私。它足以使一个大英雄变得如此狭隘，将百姓和国家的利益置之脑后。

　　但英雄毕竟是英雄，廉颇被蔺相如的公心和大度所感动，终于克服了一己之私，站到了公的立场上，以"将相和"收场。

　　儒家强调和谐，同时承认差异，甚至认为差别的存在是和谐的前提与核心，主张不同的事物共存共生。

　　《国语》曾记述这样一件事，郑国的国君向西周太史伯阳询问周王室的命运，伯阳说，周王室一定要衰败。为什么？因为周天子不允许不同见解的存在，而追求一种表面上的一致。伯阳把这种状态称为"去和而取同"。和是和谐，同是苟同，没有了和谐而只有苟同，是极不正常的。伯阳说，耳旁只有一种声音就没有什么可听的，眼前只有一种颜色就没有什么可看的，食物只有一种味道就没有什么可品尝的，事物只有一个种类就没有什么可比较的。事物之间的协调叫和谐，和谐才能生成万物，将万物统一起来；苟同则不能促进事物发展，制造表面上的一致，是毫无益处的。他的结论是，周天子抛弃和谐法则，一味追求苟同，这样下去，不衰亡才怪！（《国语·郑语》）

伯阳所主张的就是"和而不同"。孔子说："君子协调差异而不强求一致，小人强求一致而不允许差异。"[①] 和是不同事物之间的统一，它的前提是不同，因为只有不同事物的存在，才有和的问题，而只要存在着不同事物，就一定有差异。所以，和谐是由差别构成的，表现为矛盾双方和的愿望、趋势和结果，而差别始终存在。从道德上说，这就要求各方坚持原则，保持自己独立的人格。在这个基础上的协调，才是和谐。反过来，放弃独立自主，不讲道义，去迎合别人或者随波逐流，就是苟同。正派的人是不敢"苟同"的。

不迎合、不随波逐流表现的仍然是公心，是对群体的负责。所以，以坚持原则为前提的追求和谐，突出的是群体的地位。

---

① 子曰："君子和而不同，小人同而不和。"（《论语·子路》）

爱国爱家

爱 国

春秋时期，吴国奔袭楚国，打了个对方措手不及，楚军节节败退。楚国的莫嚣，也就是主管大众事务的高官，名叫大心，乘着战车出现在军前。他望着虎狼般杀来的吴军说："强敌当前，我要身先士卒冲入敌阵，迎着白刃，冒着矢石，决不后退！如果能够最后取得胜利，保全人民和国家完整，即使战死，也是值得的，差不多可以瞑目了吧？"说完，就驱车冲向敌阵，勇不可当。最终寡不敌众，死得极其壮烈，肚子都被剖开了，头也离开了身子，义无反顾地为国家献出了生命。

莫嚣大心的壮举感动了许多人，其中也包括一个叫申包胥的楚国大夫。然而，此时战场形势已不可逆转，楚国败局已定，国君出走，逃到了一个叫"随"的地方。在申包胥看来，即便自己竭尽全力冲入敌阵，流血捐躯，也不过是尽了一个士卒的责任，并不能拯救楚国，他做出了一个惊人的决定，只身北上中原，向诸侯求救，履行自己从前的一个诺言。

这个诺言是他对自己的好友伍子胥许下的。伍子胥一家被楚王灭门，他出逃时曾对申包胥发誓："我一定把楚国翻个个儿！"申包胥对答："你能把楚国翻个个儿，我就能把它再翻过来！"这次吴国攻占楚国就是伍子胥策动的，他实现了自己的誓言，下面该轮到申包胥了。

申包胥知道出使的艰难，他是一个几乎亡国的使臣，不要说准备礼品了，就是连一匹骑的马都没有。于是，他背着干粮光着脚板上路了，跋山涉水，渡口闯关，昼夜不停地走了七天七夜，到秦国的时候，膝盖以下全都溃烂了，脚掌磨出了铜钱厚的茧子。然而秦王根本不见他。没法子，他只好一个人站在秦王宫廷门外，像一只铜铸的鹤一样，不吃不喝不睡，从白天哭到黑夜，又从黑夜哭到天明，脸色阴暗发黑，跟死人差不多。秦王终于坐不住了，召见了他。

他对秦王说："吴国就像凶残贪婪的野猪和大蛇，梦想称霸华夏。楚国不过是它的第一个目标，吞并了楚国，得到广大土地和人口，吴国如虎添翼，实力扩大何止一倍！接着就该蚕食中原各国了，说不定下一个目标就是秦国。现在，我们国君已经失去了社稷（jì），远远逃到了蛮荒之地，百姓妻离子散，人民流离失所，特派我向您告急。大王，救楚国就是救秦国啊！"

秦王被说动了，派军在浊水边上击败吴军。楚国终于得以保全，申包胥履行了他的诺言。

申包胥……于是乃赢粮跣（xiǎn）走，跋涉谷行，上峭山，赴深渊，游川水，犯津关，蹑（liè）蒙笼，跔沙石，蹠（zhí）达膝，曾茧重胝（zhī），七日七夜至于秦廷，鹤跱（zhì）而不食，昼吟宵哭，面若死灰，颜色微（méi）墨，涕泗交集，以见秦王……秦

王乃发车千乘，步卒七万，属之子虎，逾塞而东，击吴油水之上，
果大破之，以存楚国。

——《淮南子·修务训》

楚国的这两位大臣，一位在战败时只身杀入敌阵，以牺牲自己
的生命激发士气；一位在国家破碎时只身前往秦国，以牺牲自己的
身体争取盟友，这种报效国家的行为被儒家称为"忠"。

关于忠，儒家五经之一的《左传》这样讲："国家的利益，知
道了没有不去做的，是忠。""面临祸患而不忘记国家，是忠。"①
从这里可以看出，忠主要讲的是个人与国家的关系。其实，个人对
国家的贡献有多种形式，像故事中的莫嚣大心那样献出生命，像申
包胥那样不顾个人安危，固然是忠，但像普通人那样为国家提供物
质后援也是忠。对于这一点，《忠经》说："报效国家的途径有四条：
第一叫作举荐人才；第二叫作出谋划策；第三叫作为国立功；第四
叫作为国兴利。人才是国家的骨干，谋略是国家的规划，立功是保
卫国家，兴利创造的是财富。这四种报国方式，只有具备了忠的精
神才能完成好。"②

---

① 公家之利，知无不为，忠也。（《左传·僖公九年》）
　　临患不忘国，忠也。（《左传·昭公元年》）
② 报国之道有四：一曰贡贤；二曰献猷；三曰立功；四曰兴利。贤者国之干，猷
　　者国之规，功者国之将，利者国之用。是皆报国之道，惟其能而行之。（《忠经·
　　报国》）

无论哪一种贡献，都包含共同的前提，这就是为了国家的需要和利益，牺牲自己。献出的可以是劳动，也可以是智慧和才能，甚至是生命。在儒家看来，为国就是为公，国是包括所有人在内的最大群体，所以常常用"公家"一词专指国家，把忠的规范称为"公忠"。

爱家

西汉文帝时期，淳于意担任齐国管粮仓的长官，被人向朝廷上书告发。根据他的过错，朝廷下令把他押解到京城长安治罪。

淳于意家顿时乱了套，他没有儿子，只有五个女儿，一起跟在他后面哭泣。淳于意勃然大怒，骂道："生孩子不生男儿，紧要关头没有顶用的！"

父亲的话深深刺激了小女儿缇萦（tí yíng），自己虽然不是男孩，年纪又小，但一样可以为父亲分忧。于是她擦掉眼泪，伴随父亲西行。

到了长安，她上书朝廷说："我父亲做官，齐国人都赞扬他廉洁公正，如今他犯了法，理应受到惩罚。然而让我深切悲痛的是，被处死的人不能复活，受刑罚而肢体残缺的人不能复原，即便有痛改前非的决心，也无路可走了，仍然没有重新做人的可能。我情愿进入官府当奴婢，以此来赎父亲的罪，换取他自新的机会。"

汉文帝看到了这封信，怜悯缇萦的心意，使淳于意得到了公正处理，朝廷还在这一年废除了肉刑法令。缇萦不仅帮助自己父亲解除了忧虑，同时被解救的还有许许多多和她情况一样的人的父亲。

原文摘要

意有五女，随而泣。意怒，骂曰："生子不生男，缓急无可使者！"于是少女缇萦伤父之言，乃随父西。上书曰："妾父为吏，齐中称其廉平，今坐法当刑。妾切痛死者不可复生而刑者不可复续，虽欲改过自新，其道莫由，终不可得。妾愿入身为官婢，以赎父刑罪，使得改行自新也。"书闻，上悲其意，此岁中亦除肉刑法。

——《史记·扁鹊仓公列传》

简议

在儒家看来，爱国与爱家是一致的，爱国必须爱家，因为正如孟子所说："国的基础在于家。"①

家与国的这种关系可以从两个方面解释。一是组织。最初的社会组织不是国家，而是氏族。所谓氏族，就是由具有血亲关系的人组成的群体，是原始的大家庭。通过战争或者合并，一些强大的氏族征服了其他氏族，建立了国家。胜利的氏族就成为统治集团，在这里，国就是这个氏族的国，家与国是一回事。二是结构。到了春秋战国时期，由于金属工具和耕牛的推广，一家一户的农耕经营逐

---

① 国之本在家。（《孟子·离娄上》）

渐发展起来，家庭成为基本的生产和消费单位，构成了社会的基础。可以说，国是家的放大，家有家长，国有君主，父子关系相当于君臣关系，子女对父母的孝，放在国的大范围中就演化为忠。

在古代，个人对家的依赖更直接、更切近。有句成语"覆巢之下无完卵"，说的是三国时期的大名士孔融出了事，朝野震惊，但他的两个不满 10 岁的儿子仍然在院子里玩耍，跟没事儿一样。公差进来抓人，孔融求情道："罪责由我一人承担，请放过我的儿子。"听了这话，儿子插嘴说："父亲难道看见过被打翻的鸟窝下面，还能找到完好的鸟蛋吗？"没多久，两个儿子也被带走了。

由于家关系个人的生存，所以儒家倡导舍己为家。缇萦就是这样一个典范，为了保住父亲——这是保住家的前提，因为父亲是一家之长——她不顾自己的性别、年龄以及漫长而艰辛的路途，甚至提出当官府的奴婢，显然，没有献身的精神是根本做不到的。

爱家是为公的一个重要构成，除了前面所说的家是国的基础外，还有克服一己之私的内容。家是比个人更大的实体，人来到世界上，第一个接触的就是父母，正是从父母那里，体验到了什么是对别人的关爱，学会关爱父母、亲人。爱父母是个人超出狭隘自我的第一步，是走向公的起始点，只有迈出了这一步，才能逐渐发展为爱他人、爱国家。不能设想，一个连自己父母都不爱的人，能够做到一心为公。

爱家与爱国虽然都体现了为公，但有大小之分，国比家大，爱国优先于爱家，所谓"国耳忘家，公耳忘私"（《汉书·贾谊传》）。大禹治水，在外面忙碌了 13 年，几次路过自己的家门都顾不上进去看一看，被历代视为忠于职守、为国为民的样板。

拾 得

为公是儒家一个突出的观念。据儒家经典《礼记》记载，孔子曾说："人们按照根本道理处世的时代，天下是为公的。"[①] 在这样的社会里，人们并不只考虑自己，而是为别人着想，孔子把它称为"大同社会"。孔子说，这个社会在以前存在过，自己未能赶上，可心里头是向往的（《礼记·礼运》）。"大同社会"是儒家的理想社会。本节所论述的公正和谐和爱国爱家所体现的克己奉公，与这个理想是一致的。

那么，人为什么应该克己奉公呢？因为人的存在方式决定了他必须这样做。荀子讲过这样一个观点："人的力气不如牛大，奔跑起来不如马快，然而牛和马却被人役使，这是什么原因呢？答案是，人是以群体的方式出现的，而牛马则不能组成群体。"[②] 这里说的群，指的是社会、国家这样的高级组织，牛马虽然也有自己的群，但谈不上组织，所以一头牛与一群牛并没有多少区别，而人就不同了，他可以利用群体的力量来壮大自己，譬如他人的经验、知识和技术，所以尽管单个人没有一头牛的力气大，却能够制服牛。群体，这就是人与动物相区别的存在方式。

马克思也是从群体或者说社会的角度来考察人的，在他看来，

---

① 孔子曰："……大道之行，天下为公。"（《礼记·礼运》）
② 力不若牛，走不若马，而牛马为用，何也？曰：人能群，彼不能群也。（《荀子·王制》）

社会、实践是人的独特的存在方式，为此他认为人是名副其实的社会存在物。他说："人的本质并不是单个人所固有的抽象物，在其现实性上，它是一切社会关系的总和。"（《马克思恩格斯全集》第三卷）

既然人是以"群"的方式存在的，那么人就应该也必须把群体放在个人之上。所以，人要生存下来，就必须做到超出自我的狭隘界限，为群体考虑。现代科学证明，两岁的幼童就已经有了为他的意识，当他看见别的孩子哭泣，就会把手中的玩具递过去，安慰他不要哭。他的这个行为，除了有模仿父母的一面外，还有出于自己的本能的一面。科学家发现，婴儿大脑专门有一个区域发出同情的指令，这就是所谓的"道德区"，它是多少年来人类遗传的结果。

克己复礼

群体不仅表现为组织和公的观念，
还表现为制度、习俗等人们共同遵守的东西，
也就是儒家所谓的礼。

礼 制

回放

春秋末期，晋国的权臣互相开战，智伯瑶率军将赵襄子围困在晋阳城中。围困解除后，赵襄子论功行赏，奖励了五个家臣，高赦名列第一。张孟谈不服，问："晋阳的战事，高赦并没有大功，却名列赏赐的头一个，这是为什么？"

赵襄子说："晋阳之战，我的封地告急，社稷危在旦夕，我深为忧虑。此时，我的家臣中没有不对我傲然轻慢的，只有高赦没有忽视君臣之间的礼仪，所以他应该首先获得奖赏。"

孔子听说了这件事，评论道："赵襄子可以说是善于运用赏赐的人了。他奖励了一个人，天下那些当臣子的就没有敢于失礼的了。"

原文摘要

赵襄子出围，赏有功者五人，高赦为首。张孟谈曰："晋阳之中，赦无大功，赏而为首，何也？"襄子曰："寡人之国危，社稷殆，身在忧约之中，与寡人交而不失君臣之礼者，惟赦。吾是以先之。"仲尼闻之，曰："襄子可谓善赏矣！赏一人，而天下之为人臣莫敢失礼。"

——《吕氏春秋·义赏》

简 议

礼制是礼的制度形式，是礼的核心部分。礼制涉及的内容很多，故事中的隶属关系就是其中之一。中国古代的礼，含义十分笼统，涉及宗教、政治、道德等多个方面，典章制度、社会规则、仪式节文、日常习俗、道德规范都包括在内。随着社会发展，道德的成分日益扩展，逐渐渗透到制度、仪式、习俗中，从而使礼打上了浓重的道德色彩。

礼起源于早先的民间习俗，习俗不是人为设计出来的，而是人们在处理人与人之间、人与自然之间关系的长期过程中形成的，后来被制度化了，就成为礼。它来源于公众，要求公众遵守，是公众的事情，因此具有群体的性质。

故事中的高赦并没有特别的贡献，但赵襄子却把他列为首功，就因为他在赵襄子走下坡路的时候，仍然克制自己，保持着对主人的尊重，恪守君臣之礼，而别的家臣早就懈怠了，往日的敬畏换成了轻慢。礼制就那么重要吗？

礼的一个基本功能是明确等级，区分差别，《礼记》说："君臣、上下、父子、兄弟之间的名分，没有礼就不能确定……排列朝廷中的等级和治理军队，官员到任执法，没有礼就不能树立威严。"[1] 制度就起着这个作用，它并不是单纯的上下级规定，而是

---

[1] 君臣上下父子兄弟，非礼不定。宦学事师，非礼不亲。班朝治军，莅官行法，非礼威严不行。（《礼记·曲礼上》）

基本秩序的体现，这就是礼制的重要性。

　　高赦的做法维护了赵襄子的领导地位和尊严，增强了他的信心，从而稳定了处于危机中的赵氏集团，这是谋略和武力所达不到的，赵襄子非常清楚这一点，所以把首功给了高赦。这不只是奖励高赦的表现，更深的意图在于告诫他的臣子们在任何时候都不要忘记上下尊卑，不能忘记群体。

礼 貌

回放

张良刺杀秦始皇失败，跑到淮北的下邳（pī）县躲藏起来。这天闲来无事，漫步到了桥上。

一个穿着粗布短衫的老人迎面走来，到了张良跟前，脚一甩，鞋子落到桥下。老人扭头对张良说："小孩子，下去把鞋给我捡上来！"

张良愕然地望着他，这样的老人还真没见过，想发作，又见他白发苍苍，终于忍住了，苦着脸下桥捡起了鞋子，递给老人。老人把脚一伸："给我穿上！"

张良真想一甩手把鞋扔下去，转念一想，反正已经听从了他的一次吩咐了，就再听一次吧。于是便双膝着地，把鞋给老人穿在脚上。老人哈哈一笑，径自去了。张良瞧着老人的背影，心里有种怪怪的感觉。

几乎看不见了，老人又转身回来了，对张良说："小孩子可以教导了。五天后天刚发亮，来这里见我。"像是做梦，张良膝一软，跪了下去，应道："是。"

五天后，张良如约来到桥上，不想老人已经等在那里。他板着脸说："跟老人约定，不能迟到，懂吗？"说罢，起身就走，边走边说："五天后再来。"

第五天的时候，鸡刚叫，张良就动身了，可还是迟到了。老人很生气，吩咐他下次早点来。

又一个五天后，还没过半夜，张良就来到桥上。等了一会儿，老人也到了，见了张良高兴地说："就应该这个样子。"接着拿出一册书送给他，说："读了这册书就可以给帝王当老师，以后十年你会发达的。"

果然，这期间爆发了反抗秦朝的大起义，张良施展才能的机会到来了。

良业为取履，因长跪履之。父以足受，笑而去……曰："孺子可教矣。后五日平明，与我会此。"良因怪之，跪曰："诺。"五日平明，良注。父已先在，怒曰："与老人期，后，何也？"去，曰："后五日早会。"五日鸡鸣，良注。父又先在，复怒曰："后，何也？"去，曰："后五日复早来。"五日，良夜未半注。有顷，父亦来，喜曰："当如是。"出一编书，曰："读此则为王者师矣。后十年兴。"

——《史记·留侯世家》

简 议

礼貌是礼的一个构成部分，它侧重的是对他人的态度。

待人有礼是人的基本修养，是社会对人的基本要求。礼不是专门对处于下位的人而言的，处于上位的人也必须以礼待人。君主至高无上，但对待下面的臣子，应该抱着尊敬的态度。儒家认为，人有上下尊卑的区别，但在人格上应该相互尊重，所谓"礼贤下士""士可杀而不可辱"。所以，"凡是处于尊位的人，一定要尊敬处于卑位的人"（刘向《说苑·君道》）。有人甚至主张，应该把卑贱者当做高贵者来敬重，把年少者当做年长者来敬重（王符《潜夫论·交际》）。为什么？因为正如《礼记》中指出的那样，即使是卑微之人，也一定有值得尊重的地方。

总之，接待人不是接待他的地位、财富，也不是他的品行，而是他这个人本身，是把对方当做人来对待，所以必须表现出对人应有的敬意。不管对方是什么样的人，地位高也好，地位低也罢；喜欢的也好，不喜欢的也罢；有用处的也好，没用处的也罢，都要一律以礼待之。

那么，什么是尊敬他人？《礼记》认为："礼就是把自己摆在下位而把他人置于高位。"[1] 这句话概括了尊敬的本质，是对待别人应该具有的态度。要做到把他人置于高位，必须克制自己。

你把别人摆在高位，别人才会把你放在同样位置上。孟子说："尊敬别人的人，常常能够获得尊敬。"[2] 这是真理，故事中的张良就是用尊敬换来了尊敬。

---

[1] 夫礼者，自卑而尊人。（《礼记·曲礼上》）
[2] 敬人者人恒敬之。（《孟子·离娄下》）

礼 仪

春秋时期，吴国公子季札出使中原诸国，长子随行，不想回来的路上儿子死在了齐国，季札决定就地埋葬。

孔子听说了这个消息，便带着弟子们前往观看。当时的吴国虽然在文化制度上落后于中原，但季札精通礼乐，孔子当然要抓住这次学习的机会。

坟坑挖得不深，没有出水，死者穿的也是平常的衣服，下葬后，上面用土堆起。土包不大，长度和宽度都没有超出墓穴的范围，也不太高，伸手就能够摸到墓顶。坟包堆好后，季札袒露左臂，从左向右绕着坟墓走了三圈，每走一圈便哭着喊一声：骨肉回到土里去吧，你的灵魂留下来，无处不到，无所不在。之后，葬礼就结束了，季札离去。

在弟子们看来，葬礼过于简陋，与礼仪不符。孔子认为弟子们的见解有道理，因为季札是吴王的叔叔，他的儿子是吴王的弟弟，按照规定葬礼应该隆重得多。但这里有一个特殊情况，就是季札是奉命出使，有公务在身，要尽快地回国复命，另外，他作为使臣，是不应该带着儿子一起出行的，所以季札只能按照一般的仪式来埋葬儿子。这样看，季札的做法还是符合礼的。

为了表示对季札的敬意，孔子为他儿子的墓碑题了字。

延陵季子适齐。于其反也，其长子死，葬于嬴博之间。孔子曰："延陵季子，吴之习于礼者也。"注而观其葬焉……孔子曰："延陵季子之于礼也，其合矣乎。"

——《礼记·檀弓下》

礼仪主要指的是仪式和程序。

对人来说，最大的事莫过于生与死，所以古人对丧葬非常重视，由此也就形成了一套完整复杂的丧葬制度，它是社会文化制度的一个重要构成。孔子曾经当过相（襄）礼，相当于今天婚礼和追悼会上主持人的助手，对丧葬仪式已经很熟悉了，但还是不放过学习的机会。孔子之所以如此重视葬礼，不只因为它是人们现实生活中的一件大事，是一门知识，更重要的是葬礼中包含了丰富的文化要素，从一个侧面反映了人伦关系、天地鬼神观念、道德感情，等等。

孔子是一个处处遵循礼仪的人。他担任鲁国司寇后，特别注意用自己的实际行动来说话，以此影响官员和百姓，复兴已经衰落的礼制。每逢上朝，孔子都提前早起，穿戴好衣冠；上车前，不管周围有没有人，一定要站正身子，然后拉着扶手带子稳稳登上车厢；坐在车上，他从不四处张望，也不高声说话，更不指指点点。

下了车子，孔子走进朝廷大门，身子微微躬下来，好像是鞠躬；进入朝房，跟官员们交谈，如果对方是比自己地位高的上大夫，就要让他感到恭敬，如果是低于自己的下大夫，就要使他感到亲和。见到国君，要维护他的威严，增强他的信心，所以孔子表现得格外恭敬，而且带着几分不安。每次向国君奏事，孔子都要提起衣服下摆，步态安详地走到堂上；话不多，但言之有物，清楚明白；事毕，一步一步地走下台阶，面色逐渐放松，下完台阶，迅速回到自己的位置，样子像鸟儿舒展翅膀。

这只是礼仪的一小部分，实行起来已经很不容易了，显然，没有对自己的严格要求，是根本做不到在生活中完全遵循礼的规定的。

礼 俗

春秋时期，晋国公子重耳遭国君夫人骊姬陷害，逃亡国外，路过曹国。

曹国的国君曹共公听说重耳腋下的肋骨是连成片长在一起的，非常好奇，趁重耳洗澡的时候窥视他的身体。伴随共公的曹国大夫釐（lí）负羁很是忧虑。

釐负羁回到家中，妻子见他满脸不高兴，询问其中原因。釐负羁说："国君有福我沾不上，有祸偏偏让我赶上了。今天国君接见晋国公子，对他很是没有礼貌，所以我心里很郁闷。"

妻子说："我看晋国公子，是一个大国国君的样子，追随他的那些人，也个个气度不凡。如今出逃路过我们曹国，受到非礼对待，有朝一日回到晋国为君，一定会报复那些对他无礼的人，那时，曹国一定是逃不掉的。您为什么不自己去向晋公子表明您与国君不一样呢？"

釐负羁觉得这个主意很好，就把黄金装在食盒里，上面盖着饭，再放上玉璧，晚上派人送给重耳。

后来，重耳回到晋国登上君位，三年后亲率大军征讨曹国。他派人告诉釐负羁，让他在自己家族住处的门外做上标记，晋国的士兵被严令不得入侵。曹国人听说了，逃到釐负羁家得以保全的有七百多户。

这就是礼的用处啊!

昔者晋公子重耳出亡,过于曹。曹君袒裼而观之。负羁……盛黄金于壶,充之以餐,加璧其上,夜令人遗公子。……重耳即位三年,举兵而伐曹矣……又令人告负羁曰:"军旅薄城,吾知子不违也。其表子之闾,寡人将以为令,令军勿敢犯。"曹人闻之,率其亲戚而保负羁之闾者七百余家。此礼之所用也。

——《韩非子·十过》

礼表现为风俗习惯,就是礼俗。

在古人的观念中,以衣遮体是人与禽兽的一个重要分野,禽兽不懂得羞耻,光着身子跑来跑去,所以人的身体如果暴露给别人,就跟动物差不多了,当然,更不允许偷看别人的身体,这种行为被认为是对别人的一种最大侮辱。由此也就形成了不露体、不窥视的礼俗。

曹共公作为一国之君,不可能不懂这个道理,但他妄自尊大惯了,为了满足好奇心,便把礼俗抛到了一边,偷看重耳洗澡。这对重耳的刺激和伤害一定极大,不仅侵犯了他作为人的尊严,同时也伤害了他的自信,提醒他不过是个落难公子,因为如果重耳在本国得势,曹共公是绝对不敢这样放肆的。结果,曹共公为此付出了沉重代价,不仅自己受到惩罚,还要搭上曹国的百姓跟着一块儿受难。

礼俗具有很强的地域性，所谓"十里不同风，百里不同俗"。儒家主张对于各种习俗一定要给予尊重，不应强行改变。《礼记》说："人们生活在不同地区，有着各自的习俗：刚柔、轻重、快慢的性情不同，口味不一样，器具规格各异，衣着穿戴有差别。加强对各地民众的教化，统一政令，但不必改变他们的生活方式和风俗习惯。"①

尊重习俗也需要进行自我克制，像故事中的曹共公就是因为不能克制好奇心而违背了礼俗，对于不同的习俗也一样，它要求人们不能把自己的习惯强加给别人。

① 民生其间者异俗：刚、柔、轻、重、迟速异齐，五味异和，器械异制，衣服异宜。修其教不易其俗，齐其政不易其宜。（《礼记·王制》）

拾 得

　　这个字是礼的篆字体，由示字和豊（lǐ）字这两部分组成。在卜辞和祭祀活动中，示表示的是祖先和神灵。豊是用来进行祭祀的一种器具的象形，下面的豆字形象是古代装食物的器皿，这种器皿就叫豆；上面的曲是两块玉合在一起，称为珏（jué），古人用把玉放在食器中来表达无上的敬畏。这两部分合起来，从字形上看，就是满怀着敬畏之意祭祀祖先和神灵，引申为敬畏。

　　复礼就是恢复敬畏之心，是对礼制、礼貌、礼仪、礼俗的敬畏。礼来自公众，用于公众，代表群体的意志，所以敬畏礼就是敬畏群体。

　　复礼的前提是克己，所谓"克己复礼"。按照朱熹的说法，"己指的是自身的私欲"①。由此看来，克己就是克制自己身上非理性的诉求，使自己的言行符合社会规矩，也就是个人服从群体。

　　那么，人类为什么需要礼呢？司马迁引用荀子的话说："礼是由人建立起来的。人生来就有欲望，欲望得不到满足，就会产生怨恨，怨恨发展下去就会形成争斗，争斗势必导致混乱。古代贤明的君主厌恶混乱的局面，制定礼来调养人的欲望，平衡人的要求，使

① 己谓身之私欲也。（《四书章句集注·论语集注》卷六）

人的欲望不在占有物质方面没有穷尽，物质也不因为满足人的欲望而显得缺少，这样，物质和欲望就能够在相互协调中长久存在。这就是礼产生的原因。因此礼就是调养。"（《史记·礼书第一》）

儒家之所以强调克己复礼，是因为礼在现实生活中具有极其重要的地位，《论语》中，礼字出现了76次，足见孔子对礼的重视。孔子曾经用下面这个浅显例子来说明礼的必要性，子张向孔子请教礼，孔子说："堂室有房屋有台阶，排列坐席有上下，乘坐车辆分左右，走路有先后，站立有次序，这是自古以来就有的道理。建造堂室，没有房屋台阶，堂和室就分不清了；坐席没有上下，坐位就杂乱了；乘坐车辆不分左右，车上就混乱了；走路不分先后，路上就凌乱了；站立没有次序，位置就错乱了。"（《礼记·仲尼燕居》）

礼的意义可以分为两大方面。首先，礼是维护社会安定和谐的一个基础。古人认识到，人生来就有欲望，有欲望就要去追求，如果没有礼制，没有敬畏意识，无所约束，无所畏惧，就一定会发生争夺，其结果就是大家都贫穷，谁也没有出路。要避免这一局面，就必须用制度和规范把大家约束起来，使每个人在各自的社会位置上生活和劳作，得到属于他的东西。所以，古人把礼与义、廉、耻合称为治理国家、稳定社会的"四维"，而将礼列在首位。维是系在渔网四角或车盖四方的大绳子，有了这四根绳索，渔网才能张开，车盖也才能牢固，将礼列为"四维"之首，就是为了突出它在治理国家、稳定社会方面的主干作用。

其次，礼是个人的立身之本。礼体现着"道"，蕴涵着根本道理，孔子说："礼就是理。"① 一旦离开了礼，人们就失去了行为的具体依据，不知道应该怎么说话怎么做，那些不懂礼节的人就是这样。没有了行为依据，不懂得道理，人怎么立身？所以，孔子说："不学习礼，就没有立身处世的依凭。"② 正是在这一点上，孔子把遵循礼上升到人生道路的高度。他说："有志成为君子的人，广泛学习道理，再以礼来约束自己的行为，就不至于背离人生正途了。"③ 孟子也是这样看的，认为"义"是人生正路，而"礼"则是走上这条道路的大门④。

从这两个方面可以说，礼是人的生存方式。

儒家强调礼，提倡以德治国，但并不排除法律。子路曾经请教孔子，假如由老师来治理国政，将首先做什么？孔子讲了正名分，然后从中推论出几项工作，其中一项就是刑罚，也就是法，他说："刑罚失去一定标准，百姓就会惶惶然而不知所措。"⑤ 为什么？因为规矩乱了。

那么，儒家主张克己复礼，是否意味着否定个体的独立性呢？显然，在处理个体与群体的关系上，儒家是完全倒向群体的，但还是给个体留下了一些空间，譬如主张"为仁由己""独善其身"，承认个人选择的合理性，但前提是一定要遵循礼制。这反映了一种

---

① 子曰："礼也者，理也。"（《礼记·仲尼燕居》）

② 不学礼，无以立。（《论语·季氏》）

③ 子曰："博学于文，约之以礼，亦可以弗畔矣夫！"（《论语·颜渊》）

④ 夫义，路也；礼，门也。（《孟子·万章下》）

⑤ 刑罚不中，则民无所措手足。（《论语·子路》）

价值观念，就是群体的需要是第一位的，社会的安定和谐是第一位的，因此，共性高于个性，秩序高于自由。个人对欲望的克制、对自由的牺牲，也可以说是对群体、对社会的一种奉献吧。

儒家认为，礼虽然是人间的法则，但它根源于天，在天和地还没有分开时就已经作为元气而存在了，遵循礼就是通达天理（《礼记·礼运》）。那么，天是什么？天与人间规范的关系是怎样的？这就是我们下一篇要讨论的内容。

天理与人情的统一

TIAN LI YU REN QING DE TONG YI

仁

要 义

天是有理性的，表现为天意和天命。天理
与人情是一致的，其核心是仁。爱是仁的基本
精神，主要是关爱人和爱惜物。

中华优秀传统文化是什么

儒家第一课

人道是天理的落实

在儒家那里，
天是至高无上的。
为什么这样说呢？

天 意

回放

　　商朝的时候，周是生活在中原以西的一个部族，它的领袖叫姬昌，被称为西伯，也就是西方各族的首领。他继承了先辈注重仁义道德的传统，人们纷纷从四面八方赶来投奔他，于是周族迅速强大起来。诸侯们认为姬昌能够承受天命，拥戴他为王。姬昌去世后，由他的儿子姬发继承王位，是为武王。

　　商朝君主商纣帝昏乱暴虐，武王起兵讨伐，还写了一篇文章告知天下，宣称他这样做是恭敬地执行上天的惩罚，也就是替天行道。

　　商军和周军在牧野这个地方展开决战，商军在人数上占绝对优势，但离心离德，士兵们临阵倒戈，转过身为武王开路。商纣帝见大势已去，自焚身亡，官员百姓归顺。武王让人告诉商族的贵族们说："上天降下了幸福。"武王进入商朝的国都，在祭祀中说："我承受改朝换代的天命，接管殷商政权，接受上天英明的旨意。"然后，就率大军返回了周朝的都城。

　　武王晚上睡不着觉，他的弟弟周公问他因为什么。武王说他在想，上天不保佑殷商，周族才能成就王业。所以，要使上天保佑我们，让天下百姓依从我们，一定要办理好各种事情，把德行推行到四方。

　　在周朝君臣的努力下，天下安定下来，人民过上了太平日子。

原　文　摘　要

武王乃作《太誓》，告于众庶："……故今予发维共行天罚。"……武王使群臣告语商百姓曰："上天降休。"……王曰："定天保，依天室。悉求夫恶，贬从殷王受。日夜劳来，定我西土，我维显服，及德方明。"

——《史记·周本纪》

简　议

在古人的观念中，周朝取代商朝，不仅是民意，也是天意。周族人相信，因为他们的领袖具有美好的德行，爱护民众，而殷商的统治者违背道德，残虐四方，所以上天抛弃了原先支持的殷族，转而支持周族，由此也才成就了周人的事业。这样，天就不再是自然物或者某种神秘莫测的东西，而是以积极干预人间社会的至高无上的理性力量展示在人们面前。由于天是有选择的，周人一再强调要敬畏天；由于天是有理性的，周人特别强调敬畏道德，这样敬天就转化为敬德。周朝的开国元勋召（shào）公告诫统治者，商朝取代夏朝，不是夏人不敬天，而是不敬德；周朝取代商朝，也不是商人不敬天，而是不敬德——鉴于这个历史教训，周人一定要处处敬德，按照道德要求来做。另一位元勋周公把这个意思概括为"秉德明恤"，意思是保持美德，深怀忧患。

这个观念极大地影响了孔子，他最赞赏的典章制度是周礼，最崇拜的人物是周公。"天"在他的思想中是一个重要因素，在谈到五帝之一的尧的时候，他由衷地赞叹道："伟大啊，尧这样的君主！无比的崇高啊！只有天是最伟大的，而只有尧才能够效法天。"为什么这样说呢？因为尧的恩泽广博，建立了丰功伟绩和辉煌灿烂的文化①。恩泽广博就是具有高尚的德行，尧之所以能够效法天，就在于他的道德与天理相符。

天理也叫天道，也就是天的根本道理。古人认为，公、忠、仁、义、信等准则都是天理。譬如，谈到公，就说："天下不是某一个人的天下，而是天下人的天下。阴阳调和，不只生长一种生物；甘露时雨，不会偏向一种植物。"（《吕氏春秋·贵公》）又说："上天无私，春夏秋冬运行不息，大地无私，万事万物生生不止。"（《忠经·天地神明》）再如，谈到信，就说："如果天不守信用，就无所谓春夏秋冬；如果地不守信用，就无所谓草木生命的成长。春天的德行是风，要是温暖的风不按时吹拂大地，花就不会盛开，果实也不会挂满枝头……"（《吕氏春秋·贵信》）

天是最大的事物，天理、天意是最高权威，既然天是按照公、信等所体现的理来运行的，那么，人也应该遵循这些法则。被儒家列为"五经"之首的《周易》以抽象的图形表达了这一点。譬如蒙卦，它由上卦"艮"与下卦"坎"组成，艮象征山，坎象征水，蒙卦的形象是山下流出泉水。这一卦的解释说，君子应当效法山

---

① 子曰："大哉尧之为君也！巍巍乎！唯天为大，唯尧则之。荡荡乎！民无能名焉。巍巍乎！其有成功也；焕乎，其有文章。"（《论语·泰伯》）

泉默默滋润万物的精神，坚定地修养自己的德行（《周易·蒙·象传》）。

　　天理不可违背，孟子说："顺从天意的就生存，违背天意的就灭亡。"①

---

① 顺天者存，逆天者亡。（《孟子·离娄上》）

天　命

回放

春秋时期，晋国国君献公宠爱骊姬，他们想让骊姬生的儿子继承国君的位子，于是，骊姬设计逼死太子，接着又去谋害太子的两个弟弟重耳和夷吾，他们俩分头出逃了。就这样，公子重耳开始了长达19年的流亡生活。

在逗留了几个诸侯国之后，重耳来到了卫国。国君对他不礼貌，他只好离开。途经五鹿这个地方，一行人饥饿难耐，干粮早就吃完了，就向遇见的老百姓讨要吃的。穷苦小民哪来的余粮，顺手捡了一块土坷垃放在破碗里递过去。重耳勃然大怒，手按在了剑柄上。追随他逃亡的赵衰赶紧上前劝住，说："土块象征着拥有土地，您应该跪拜接受才是。"意思是说，这是上天赐予他国土的预兆啊。

几经辗转，重耳一行来到楚国。楚王用相当于诸侯的礼节接待重耳，重耳不敢接受。赵衰说："您在外流亡十余年，不要说大国了，就是小国也瞧不起您，现在情势变了，楚国是一等一的大国，却以礼相待，请不要推让，这是上天要您兴起了。"于是，重耳领受了楚国的礼仪。这引起了楚国将军子玉的不满，他想杀掉重耳。楚王说："重耳贤能，又经受了磨炼，追随他的都是栋梁之材，这是上天的安排，怎么可以杀害他呢？"

后来，重耳终于回到了晋国，以62岁的高龄当上了国君。虽然"超龄"了，但劲头很足，励精图治，成为春秋五霸之一。

重耳去之楚，楚成王以适诸侯礼待之，重耳谢不敢当。赵衰曰："子亡在外十余年，小国轻子，况大国乎？今楚大国而固遇子，子其毋让，此天开子也。"……楚将子玉怒……成王曰："晋公子贤而困于外久，从者皆国器，此天所置，庸可杀乎？"

——《史记·晋世家第九》

简议

晋国内变，重耳出逃，在外颠沛流离19年，处处遭人白眼，就连农夫都敢挤对他，直到国内又发生变化，重耳才得以回国，不管愿意还是不愿意，这一切都是个人无法改变、无能为力的。冥冥之中，似乎有一种超人的力量在支配重耳的命运。这种力量是什么？是上天。农人用土块戏弄他，赵衰解释为这是上天将要赐予国土的预兆；楚王用高规格礼仪接待他，赵衰解释为这是上天要扶持他的前奏。楚王讲得更深入，他说重耳经受种种磨难，都是上天安排好了的，在他看来，上天这样做的目的，就是为了把重耳打造成一个有为国君，所以他才破格接待这位落难公子。

由于人的命运是由上天操纵的，古人把命运称为"天命"。对于天命，儒家持敬畏态度。孔子说："君子有三个敬畏：敬畏天命，敬畏领袖，敬畏圣人言论。"[①] 三个敬畏中，天命排在第一位。在

---

① 子曰："君子有三畏：畏天命，畏大人，畏圣人之言。"（《论语·季氏》）

他看来，缺少天命意识的人，是不可能成为正人君子的。

　　天命不可抗拒，任何个人在它面前都是渺小的。子路帮助鲁国执政的大贵族季氏做事，说服季氏推行孔子的治国理念，一个叫公伯寮的人在季氏面前说子路的坏话，有人把这件事告诉了孔子。孔子说："治国的道理如果得到实行，是天命决定的；治国的道理如果被抛弃，也是天命决定的。一个公伯寮怎么能左右天命呢。"①谈到他个人，他说自己 50 岁而知道天命。意思是说，对外，知道万事万物一律由上天的规则所支配；对内，知道人的生老病死、贫富贵贱、成功失败等等，也由上天安排，所谓"生死有命，富贵在天"（《论语·颜渊》）。

　　在事业上，天命转化为使命。孔子周游列国，传播他的学说，在匡这个地方遭到围困。他说："周文王去世后，文化传统不都在我这里了吗？如果上天要废弃这种文化，后代就学习不到它了；如果上天还要保留这种文化，匡人又能把我怎么样呢？"②正是出于这种强烈的使命感，孔子对自己的事业充满信心，坚定不移。

　　对于天命，孟子曾这样解释，"天"是人能力范围之外的力量，而"命"则表现为个人努力所控制不了的结果，所以个人应该服从天命。③怎么服从？孟子提出了两条，一条是"俟（sì）命"，一

---

① 子曰："道之将行也与，命也；道之将废也与，命也。公伯寮其如命何？"（《论语·宪问》）

② 子畏于匡，曰："文王既没，文不在兹乎？天之将丧斯文也，后死者不得与于斯文也；天之未丧斯文也，匡人其如予何？"（《论语·子罕》）

③ 莫之为而为者，天也。莫之致而至者，命也。（《孟子·万章上》）

条是"立命"。所谓俟命，就是等待天命的裁决，当然不是消极的观望，而是努力进取，只有尽力去做，天命才有对象可裁。所谓立命，就是按照天理对人的要求或者说理想人格来修养自己，使人性在自己生命中丰满、挺立起来，不管天命怎样裁决，作为一个人的使命是完成了。

"俟命"把个人的命运交给他者，而"立命"又把命运收回自己手中。

拾 得

敬天是农业文明最典型的观念，那时的人靠天吃饭，地里的庄稼收成如何，全凭上天做主。作为农业文明的思想形态，儒学当然要强调上天的力量。

那么，上天果真有这样的力量吗？同样是天，别的思想，譬如也是形成于农业社会的道家，为什么不把天看成是理性之天呢？

在儒家看来，天理与人间的道理，也就是人道，是共同的，譬如公，这是天的品德，也是人世通行的准则。关于二者的关系，朱熹曾这样论述：人是由"理"和"气"构成的，"理"是生命的根本，"气"是生命的躯体，所以当人形成的时候，天理就已经深入人心了，像仁、义、礼、智这些道理都是与生俱来的。这就是说，人与天在根本道理上是同构的，天道也就是人道，人道也就是天道，二者是一个东西。

关于人与天的同构性，西汉大儒董仲舒（前179～前104）说得很有意思，在他看来，天与人是同类，人是按照天的模子造出来的。人类浑圆的头部高高凸起，是上天的容貌；数不清的头发恰如繁密的星辰；耳朵和眼睛是日月的象征；口鼻的呼吸如同风云；胸中通达知晓，与上天的神明相呼应；腹部有时充实有时空虚，与万物的形态相对应；脚踩在地上呈现方形，反映了大地的形势。上天一年的天数与人身体的小关节的数目（366）几乎一样；一年12个月，与人的大关节数目相同；上天有五行，人有五脏；上天有四季，人有四肢；上天有昼夜交替，人睁开眼睛是光明，闭上眼睛是黑暗；上天有冷暖变化，人有时刚强有时柔和。其他生命就不同了，植物的头（根）是朝下长的，动物的眼睛在两侧，头是横着的，都不是朝着天的方向。

这就是说，无论是在理的层面上还是在形的层面上，人与天都是同一的，天既在人之外又在人之内，这就是儒家的"天人合一"。

其实，天无所谓道德理性，这些不过是儒家出于自己对人的本性的理解，按照自己学说的理性精神赋予自然之天的。抬高天的地位，树立天的权威，弘扬天的德行，倡导敬天意识，都起到了强化儒家学说的效果，为这种思想罩上了一个伟大光环。

由此我们可以说，儒家的天就是人类，天理就是通行于社会乃至自然界的最普遍的道理，用哲学语言来表达，就是最大的普遍性。所以，天意不过是人意，众人之意；上天的选择其实是民众的选择；天命最后可以归结为操纵个人命运的社会的、群体的力量。这就是儒家的天与道家的自然之天的区别。

从这里我们也可以看到儒家学说与西方思想的分野。古代西方人的天化身为神、上帝，而儒家原则上不谈论神，《论语》说："孔子不谈论那些反常的、勇力的、悖乱的、神异的事情。"[1]孔子主张与鬼神保持距离，认为这是明智的态度[2]。不谈神是为了给

---

[1]　子不语：怪、力、乱、神。（《论语·述而》）
[2]　樊迟问知。子曰："务民之义，敬鬼神而远之，可谓知矣。"（《论语·雍也》）

理性让位，与鬼神拉开距离是为了亲近人，其结果就是加强天的人性化。

　　人的地位的这种提升，是儒家一以贯之的仁学思想在天人关系上的反映。

仁爱是最大法则

天理的核心是仁，
各种道德准则都贯穿了仁爱精神。
什么是仁？
它包括哪些内容？

爱 人

爱亲人

孟子有个弟子叫桃应，这天，他与孟子讨论有关人情和执法的问题。

桃应做了一个假设，他问："舜做了天子，皋陶做大法官，如果瞽瞍（gǔ sǒu）杀了人，应该怎么办？"

舜的母亲死得早，他的父亲人称瞽瞍，瞽是眼盲，瞍是眼睛中没有瞳仁。瞽瞍又娶妻生下了儿子。父亲偏爱小儿子，愚昧顽固，继母诡诈无德，弟弟蛮横不讲理，他们都想除掉舜，但每次动手都让舜逃脱了。尽管如此，舜仍然坚守着孝悌之道，上敬父母，下爱幼弟，跟他们和睦相处，勤勤恳恳地做事。后来，尧发现了舜这个人才，便把天下传给了他。皋陶是舜的臣子，素以铁面无私而著称，被舜选来掌管天下刑狱。

听了桃应的问题，孟子答道："把瞽瞍抓起来就是了。"

"可是——难道舜不加以制止吗？"桃应问。

"舜怎么能够制止呢？皋陶抓人是有理由的。"孟子说。

"那么，舜就什么都不做吗？"桃应有点急了。

孟子看着桃应，慢慢地说："在舜那里，抛弃天子的位置就像是扔掉破草鞋。所以，他会偷偷地背上老父亲逃跑，一直跑到荒凉的大海边上住下来，终身都高高兴兴地享受着天伦之乐，而把往日掌握天下的光荣忘得干干净净。"

桃应问曰："舜为天子，皋陶为士，瞽瞍杀人，则如之何？"孟子曰："执之而已矣。""然则舜不禁与？"曰："夫舜恶得而禁之？夫有所受也。""然则舜如之何？"曰："舜视弃天下犹弃敝蹝（xǐ）也。窃负而逃，遵海滨而处，终身䜣（xīn）然，乐而忘天下。"

——《孟子·尽心上》

简　议

孔子的一个学生叫樊迟，问孔子仁是什么，孔子的回答只有两个字："爱人。"①

爱人是仁的精神实质。

爱人首先是爱亲人。被儒家列为四书之一的《中庸》说："仁，就是人自身所具有的爱人之心，亲爱亲人是最大的仁。"② 亲爱亲人也就是儒家所经常强调的"亲亲"。什么是亲爱亲人？《论语》这样说："孝顺父母，尊敬兄长，就是仁的根本啊。"③ 孟子也是这样看的，他说："仁的实质，就是侍奉双亲；义的实质，就是服

① 樊迟问仁。子曰："爱人。"（《论语·颜渊》）
② 仁者，人也，亲亲为大。（《中庸·第二十章》）
③ 孝弟也者，其为仁之本与！（《论语·学而》）

从兄长；智的实质，就是懂得这两个方面的道理而不可以离弃。"[1]
可以看出，爱亲人主要表现为父母与子女的亲情关系以及兄弟之间
的亲情关系。

这种亲情关系以血缘为纽带，是无价的，不可复制不可替
代，高于其他任何一种人际关系。它的重要地位是由古代社会氏
族制度，特别是家庭在社会经济、政治、文化生活中的核心基础
地位所决定的。故事中孟子所推断的舜的行为，表达的就是亲情
高于一切的观念。舜是天子，代表着上天，他的老父亲杀了人，
犯了大罪，他怎么办？作为最高执政者，他必须支持皋陶秉公办
案，所以主张把老父抓起来，尽管这是自己的生身父亲；作为儿
子，他必须营救老父，不能眼睁睁地看着父亲被皋陶那个六亲不
认的家伙砍了头，尽管父亲对他并不好。在孟子看来，像舜这样的
伟大人物，一定把亲情看得比什么都重要，所以他的设计是让舜
抛弃天子之位，背着眼盲的老父逃到荒无人烟的地方藏起来，靠
自己的劳动侍奉父亲，以后半生来享受天伦之乐。这个见解与孔
子是一致的。在前文我们曾谈到，楚国有一个人向官府告发有盗
窃行为的父亲，孔子对此大不以为然，主张儿子应该采取默然的
态度。

如果说舜背着父亲逃跑是孟子的设计，那么孟子所赞扬的舜善
待他的弟弟就是真事了。舜的同父异母弟弟叫象，总想谋害哥哥，

---

[1] 孟子曰："仁之实，事亲是也；义之实，从兄是也；智之实，知斯二者弗去是也。"
（《孟子·离娄上》）

好霸占他的财产和妻子。舜明明知道象不怀好意，但仍然十分爱护这个弟弟，与他同乐同愁。有人说舜在当了天子后，把象流放到边远地区，孟子特别更正，不是流放，是封他去当诸侯。在孟子看来，贤明的舜就应该这么做（《孟子·万章上》）。

由于亲情是第一位的，是否亲爱亲人自然也就成为评价人的一个重要标准。《吕氏春秋》说，认识和评价一个人，一定要先观察他如何对待父母家人，再推及他如何对待一般人；一定要先观察他怎样对待关系亲近的人，再推及他怎样对待关系疏远的人（《吕氏春秋·孝行》）。离弃亲情，不止是不道德，简直就是一种罪恶。周族起兵讨伐殷商，武王召告天下，列举商朝的重罪，其中一条就是商纣帝疏远他祖父母以下的亲族（"离逷（tì）其王父母弟"）。

爱众人

回放

秦国国君秦穆公乘车出行，车坏了，右边驾车的马跑脱，被一伙山野农人捕获。秦穆公亲自上门讨要，在岐山的南面看到山民已经把马杀了，正准备分食马肉。穆公叹息说："吃骏马的肉而不立刻喝酒，恐怕会伤害身体的。"于是，穆公拿出酒来挨个给他们喝，然后便离开了。

一年后，秦国和晋国在韩原这个地方展开激战。秦穆公乘战车深入敌阵，被晋军团团围住，敌军大夫梁由靡已经扭住了右边拉车的马。晋国国君晋惠公乘坐的战车上右边的卫士叫路石，他刺穿了秦穆公身上覆盖的六层铠甲。危急关头，一伙人突然闯了进来，挡在秦穆公面前与敌人殊死拼杀，他们有三百多人，就是那帮在岐山脚下分吃马肉的山民。结果晋军大败，连晋惠公也做了俘虏，被带回秦国。

这就是《诗》中所谓的"做君子的君王必须公正，以弘扬他们的德行；做卑微的人的君王必须宽厚，以激发他们所有的力量"。做君王的怎么能不一心一意地施行仁德以使人民获得爱呢？君王行仁德而爱人，民众就亲近他；民众亲近君王，就会心甘情愿地为他去死。

原 文 摘 要

昔者，秦缪公乘马而车为败，右服失而野人取之。缪公自往求之，见野人方将食之于岐山之阳。缪公叹曰："食骏马之肉而不还饮酒，余恐其伤女也！"于是遍饮而去。处一年，为韩原之战……野人之尝食马肉于岐山之阳者三百有余人，毕力为缪公疾斗于车下，遂大克晋，反获惠公以归。此《诗》之所谓曰"君君子则正，以行其德；君贱人则宽，以尽其力"者也。人主其胡可以无务行德爱人乎？行德爱人，则民亲其上；民亲其上，则皆乐为其君死矣。

——《吕氏春秋·爱士》

简　议

　　仁爱的精神并不停留在亲情上面，还要求人们普遍地关爱其他一切人，也就是把别人当做亲人来关爱，这就是"泛爱众"（《论语·学而》）。

　　秦穆公就是这样做的。他治下的粗野山民把他驾车的骏马杀掉吃肉，这在那个时代，不管是有意还是无意，握有生杀大权的国君都可以给予重罚，但他没有这么做，因为人比马更高贵。人的地位尽管不同，但回报却是对等的，在秦穆公危难关头，是他的这些子民救了他的性命。

　　孔子生活中也发生过类似的事情，他去朝廷办公，家里的马棚失火了，回来后他问的第一句话是"伤着人了吗？"却没有问到马。跟马棚有关的是什么人？是马夫、佣工这些身份地位卑微的阶层。

　　孔子一生都在实践着"泛爱众"。譬如办学，从前的学校都是官方机构，只有贵族子弟才有进校学习的权利，孔子率先打破了这一局面，兴办私学。他的办学宗旨是"有教无类"，提倡人人都有受教育的权利，大家一律平等。只要看看他的学生的成分就清楚了，这里面有孟懿子一类的大贵族，但更多的是平民。最得意的弟子颜回，是个身居破旧的巷子里、一竹筐饭、一瓢水就心满意足的穷小子；原宪更能凑合，有糟糠就成；另一个得意弟子曾参也好不到哪里去，穿着捉襟见肘的破衣服；子贡倒是个大款，但是一个没社会地位的商人。还有一类学生，属于可以教育的问题青年，公冶长是个曾下过大狱的犯罪分子；颜庚更可怕，居然做过大盗；最忠心最讲义气的子路，曾是个身着奇装异服满大街滋事打架的混混，腻味了就跑到孔子的课堂上，摇头晃脑地怪叫几声搅局，孔子管他，他竟然动粗，要揍孔子。这些学生，他一个都不嫌弃，为什么？因为他爱他们。

惜　物

节　俭

　　季文子是鲁国的正卿，辅佐鲁国的两代国君鲁宣公和鲁成公。他生活极为俭朴，他的侍妾不穿丝帛，家里的马匹不喂粮食。

　　仲孙它实在看不过去了，就劝他说：“您是鲁国上卿，辅佐两代国君，妾不穿丝帛，马不喂粮食，人们都说您吝啬，对国家也不光彩呀。”

　　季文子说：“难道我不愿意光彩一些吗？但当我看到鲁国人民，他们的父兄吃的是粗粮，穿的是破旧衣服，我就不敢这么想了。自己治下百姓的父兄吃粗粮、穿旧衣，而我却把侍妾和马匹装扮得光彩耀人，这恐怕不是辅佐国君的人应该有的作为吧！我听说过高尚的品德可以为国家增光，还没有听说过漂亮的妾和马能给国家增光的呢。”

　　季文子把这件事告诉了仲孙它的父亲孟献子。孟献子把仲孙它关了七天，命他反省。从此之后，仲孙它的侍妾也穿上了一般的粗布衣裳，喂给马吃的也只是草籽。季文子听到后很高兴，说：“有了过错而能够改正的人，是可以治理民众的。”于是就任用仲孙它为上大夫。

原 文 摘 要

季文子相宣、成，无衣帛之妾，无食粟之马。仲孙它谏曰："子为鲁上卿，相二君矣，妾不衣帛，马不食粟，人其以子为爱，且不华国乎！"文子曰："吾亦愿之。然吾观国人，其父兄之食粗而衣恶者犹多矣，吾是以不敢。人之父兄食粗衣恶，而我美妾与马，无乃非相人者乎！且吾闻以德荣为国华，不闻以妾与马。"

——《国语·鲁语上》

简 议

儒家从仁爱出发，主张对物也要抱着爱的态度，在孟子看来，仅仅做到从爱亲人推广到爱众人是不够的，还应该做到由爱众人推广到爱万物①。人对物的爱反映在道德上就是节俭。

节俭历来被视为是一种最重要的品格。儒家经典《左传》说："节俭，乃是善行中的大德；奢侈，乃是邪恶中的大恶。"②北宋大学者司马光认为，人的道德修养是从节俭开始的。因为人只有做到节俭，才能寡欲；只有欲望得到约束，才能不被外物所诱惑、所牵制，这样才能够保证在正确的人生道路上前行（司马光《训俭示康》）。

故事中的季文子可以说是节俭的典范，作为辅佐过两代国君的大贵族，又掌握着国家行政大权，是完全有条件生活得好一些的，

---

① 亲亲而仁民，仁民而爱物。（《孟子·尽心上》）

② 俭，德之共也；侈，恶之大也。（《左传·庄公二十四年》）

但他却尽量戒除自己和家人的不必要用度，过着一般的日子，而且相当满足，因为这比底层百姓强多了。孔子是主张节俭的人，他在评论禹的时候，连说了两遍对禹没有任何批评，因为他的饮食很简单，衣着很粗糙，居住很简陋，却把全部力量用在水利建设上（《论语·泰伯》）。在他看来，生活质量不取决于物质，而取决于人品。他曾经想迁移到荒凉的九夷去生活，有人说那里很简陋，怎么能居住呢？他反问，君子去居住的话，怎么会简陋呢（《论语·子罕》）？说的就是这个意思。

人对物的仁不止表现在节省用度上，还表现为对物的感情，所谓"敝帚自珍"。孔子养的一条狗死了，他吩咐子贡去埋葬狗，对他说："我听说，破旧的帐子不要丢掉，可以用它来埋葬马；破旧的车篷不要丢掉，可以用它来埋葬狗。我很穷，没有车篷，但不能让狗的头埋在土里，就给它一张席子吧。"（《礼记·檀弓下》）可见，孔子对他用过的东西是怀着深深情谊的。

爱物或者说利物，这就是人作为万物之长对万物应该持有的态度，或许人的尊贵就表现在这里吧。

不吝啬

战国时期，孟尝君田文担任齐国丞相，喜欢与士打交道，许多人都来投奔他，这些人吃住在他家，被称为门客。孟尝君对门客很好，不分贵贱、来路，待遇一律跟自己一样。一次，他招待门客吃夜宵，有人遮住了蜡烛，他坐在暗影中。一位客人以为孟尝君吃的跟大家不一样，大为恼火，起身告辞。孟尝君连忙站起，拿自己的饭菜给他看，客人非常惭愧，便拔剑自尽了。这一来，投奔他的人更多了，竟达到了三千多人。

孟尝君终于顶不住了，虽说他的封地薛邑有一万多户，相当于一个小国家，但怎么也供不起这么多张嘴。好在他早有准备，派人在薛地放了一大笔债款，因为收成不好，利息一直没有收上来，现在急等着钱用，决定派人前去收债。

收债的人是一位门客，名叫冯谖（xuān）。他到了薛地，买酒杀牛，与借贷人聚会。趁大家喝得高兴，他拿出契约验证，能还上利息的立马还钱，无力偿还的，不光利息免了，连契约都烧了。他说，孟尝君之所以放债，是为了帮助百姓发展生产，如今来收债，是为了养活门客，你们有这么好的主人，是万万不可以辜负的。大家非常感激，拜了又拜。

对于冯谖的做法，孟尝君刚开始很是不满，冯谖说，穷人的钱反正是收不回来的，一边是徒有虚名的债务，一边是民心，您要哪一个呢？孟尝君恍然大悟，认同了冯谖的做法。就这样，薛地成了孟尝君最可靠的基地。

原 文 摘 要

孟尝君在薛，招致诸侯宾客……孟尝君舍业厚遇之，以故倾天下之士。食客数千人，无贵贱一与文等……孟尝君曾待客夜食，有

一人蔽火光。客怒，以饭不等，辍食辞去。孟尝君起，自持其饭比

之。客惭，自刭（jīng）。士以此多归孟尝君。

——《史记·孟尝君列传》

田文的父亲田婴也喜欢蓄养门客，家里钱多得数不清，连奴婢

吃的都是精粮鱼肉，但门客却连粗粮也吃不饱。田文就不同了，钱

几乎都用在门客身上，自己竟然吃着与门客相同的饭菜，正由于他

有这样的气度，才能最后认同冯谖的做法。这父子二人，可以说一

位是对自己奢华而对别人吝啬，一位是对自己节俭而对别人大方。

吝啬不等于节俭。吝啬虽然也具有节制消费的特点，但它不是

从人的需要出发，而是从财物出发。中国有则寓言，说有这么一个

富翁，靠着极尽吝啬发家致富。后来，他身患重病，就要死了，可

就是硬挺着不肯咽气，央求老妻说："我这一生，心思全用在贪心

和吝啬上面，连亲戚都得罪光了，才有今天的富贵。我死了以后，

皮剥下来卖给皮匠，肉割下来卖给屠夫，剩下的骨头也别糟蹋了，

卖给漆匠熬胶。"说罢，睁着眼睛望着妻子，直到她点头，富翁才

闭上眼。尸体停了半日，富翁的眼睛又幽幽地睁开了，原来他忘了

一件事，舍不得走，便叮嘱妻子说："当今人情浅薄，千万别把钱

借给别人！"（冯梦龙《广笑府》）在这里，富翁把人与物的关系

颠倒了，本来人应该是财物的主人，财物受人的支配，现在却反过

来，人受财物的支配，成了财物的奴隶。

这种颠倒的关系表现在生活层面上，就是对财物的过分珍惜，

个人尽量不去消费，当然更不会用自己的财物去帮助别人。

节俭却不同，它的出发点是人的实际需要，主张按照人的需要来消费资源，去掉不必要的用度，在这里，爱惜资源是与人的需要相联系的。所以儒家主张，当别人需要帮助时，人们应该尽其所能慷慨地献出自己的财物。《颜氏家训》说："俭朴，是对符合礼制的节省的称谓；吝啬，是对困难危急毫不体恤的称谓……如果能做到施舍而不奢侈，节俭而不吝啬，那就很好了。"

俭而不吝涉及的是自己与物的关系以及自己与他人的关系，前一种关系的准则是节俭，表现着人对物的爱；后一种关系的准则是不吝啬，表现的是对他人的尊敬。

仁的践行

爱的原则性

春秋时期，楚国与晋国在鄢陵这个地方交战。楚军战败，楚王受伤。当时，战斗正要开始，楚军主帅子反突然口渴想喝水，童仆阳谷连忙送上黍米酒。子反呵斥道："去，拿走，战场上哪能喝酒！"阳谷说："不是酒，是水。"子反说："还不赶快拿下去！"阳谷又说："真的不是酒。"子反接过来喝了。他这个人平日嗜酒如命，喝起来就止不住，结果仗还没打起来，主帅先醉倒了。

战斗结束后，楚王为后面的战事想跟子反商量，派人来叫他，子反借口心痛推辞不去。楚王亲自来看他，刚一走进子反的军帐，就闻到一股浓重酒味，子反的酒还没醒呢，楚王转身离去了。楚王说："今天这一仗，我受了伤，所能依靠的就是子反了，但他醉成这个样子，看来他已经忘记了国家，根本不爱楚国的将士。我们与晋军没有办法再打下去了。"于是下令收兵。回去后，楚王杀了子反，并将他的尸体示众。

阳谷送上酒，并不是想把子反灌醉，而是对主人尽忠心，然而却害得子反丢了性命。所以说，小忠是大忠的祸害。

原文摘要

临战，司马子反渴而求饮，竖阳谷操泰酒而进之，子反叱曰："訾（zī），退！酒也。"竖阳谷对曰："非酒也。"……子反受而饮之。子反之为人也嗜酒，甘而不能绝于口，以醉。战既罢，龚王欲复战而谋，使召司马子反，子反辞以心疾。龚王驾而往视之，入幄中，闻酒臭而还，曰："今日之战，不谷亲伤，所恃者司马也，而司马又若此，是忘荆国之社稷，而不恤吾众也。不谷无与复战矣。"于是罢师去之，斩司马子反以为戮。故竖阳谷之进酒也，非以醉子反也，其心以忠也，而适足以杀之。故曰：小忠，大忠之贼也。

——《吕氏春秋·权勋》

简议

这个故事提出了一个严峻的问题：怎样的爱才是真正的爱？

阳谷爱他的主人吗？不能说不爱，他一心一意地为子反服务，知道主人的嗜好，所以适时送上酒，可以说体贴入微。但恰恰是这种爱害了子反，使他忘记了对国家的责任，对自己职务的责任，对手下将士生命的责任，正如楚王说的那样，子反已经忘记了国家，他的行为说明他根本不爱楚国的将士。这是陷人于大不忠、大不爱。之所以造成这样的结果，从阳谷方面说，是因为他没有见识，眼里除了主人没有别的，当然也就分不清什么是大事，什么是小事了。有忠心，没见识，爱就变成了害。

现实生活中，这样的事情太常见了，许多人走上邪路，最后吃大亏，往往都是阳谷式的爱促成的，那么，这样的爱还能被称为爱吗？从主观上看，从局部来看，这是爱，但从客观效果上看，从整体来看，就不是爱了。所以孟子说："教给别人好的道理叫作忠。"①所谓教人好的道理，就是教人走正路，做好事。这就告诉我们，爱不是孤立的，一定要把它与大义相联系。这也就是孔子所说的：君子成人之美，不成人之恶，而小人正好反过来（《论语·颜渊》）。为别人做坏事、走邪路提供便利，绝不是真正的爱。

恕　道

晋国公子夷吾与重耳是兄弟。与重耳一样，夷吾因骊姬的陷害逃亡国外。他为了当上国君，许诺如果秦国支持他，事成后将送给秦国五座城池。夷吾终于如愿，当上了晋国国君，是为晋惠公，但绝口不再提起那五座城池的事。

不久，晋国发生大灾，向秦国提出买粮。有人劝秦国国君秦穆公不要答应，理由是晋惠公不守信用，晋国出现饥荒正是上天的惩罚，应该借这个机会出兵征讨。

秦穆公说："不错，晋惠公是让我厌恶，可是他的人民有什么罪过呢？天灾流行，会在各国交替出现，急人所难、救人所困乃是

_____

① 教人以善谓之忠。（《孟子·滕文公上》）

道义，是绝不可以违背的。"于是，秦国就在黄河上调动船队，将一船船的粮食运送到对面的晋国。

还真让秦穆公说着了，第二年灾荒就轮到了秦国，秦国向晋国求助，遭到了晋惠公的拒绝。

晋国的一个大夫站出来反对，说："不能这样做。我们已经赖掉了答应给秦国的土地，现在又不给他们运粮，这是忘恩负义的行径，假使我处在秦国的位置上一定会去讨伐对方的。所以，如果我们不给秦国粮食，他们肯定会来攻打我们。"

晋惠公嗤之以鼻，讥道："你知道什么？"

后来，秦国果然出兵，在韩原大败晋军，连晋惠公也当了俘虏。

原　文　摘　要

晋饥，乞籴（dí）于秦。……（秦穆）公曰："寡人其君是恶，其民何罪？天殃流行，国家代有。补乏荐饥，道也，不可以废道于天下。"……是故泛舟于河，归籴于晋。

秦饥，（晋惠）公令河上输之粟。虢（guó）射曰："弗以赂地而予之籴，无损于怨而厚于寇，不若勿予。"公曰："然。"庆郑曰："不可。已赖其地，而又爱其实，忘善而背德，盍我必击之。弗予，必击我。"公曰："非郑之所知也。"遂不予。

——《国语·晋语三》

简 议

子贡请教孔子："能不能找出一个字来让人们终身奉行呢？"孔子认为能够，这个字就是恕，随即解说道："己所不欲，勿施于人。"（《论语·卫灵公》）意思是自己不想得到的，就不要硬加在别人身上。这句话非常有名，早已超出了中国国界，流行于世界，可见恕在调整人际关系方面的功效有多大。

儒家将恕概括为"推己及人"，也就是将心比心，有些像现代的换位思考。推己及人的前提是把对方当做人来对待，承认对方与自己有共同点，以自己应该怎么办、将会怎么做来联系别人，从而达到理解与和谐。这个过程贯彻着仁爱精神，所以说恕是仁的具体落实。

故事中的晋国和秦国先后发生了饥荒，也都向对方求援，但得到的回应却截然相反。秦穆公深明大义，即使晋惠公有对不住他的地方，仍然伸出了援助之手。他非常清楚，天灾是不可避免的，今年别人遭了灾，说不定明年受灾的就是自己；出现了大灾，自己解决不了，就需要得到对方的救助。所以别人找到你，你一定不要拒绝，因为你也有求人的时候，那时你也不愿意被别人拒绝。而晋惠公就不这么想。他向秦国求救的时候，希望对方满足自己的要求，轮到秦国向他求救，就把当年自己的心情忘掉了，竟然拒绝救援，他不是没有能力，而是成心不救。

自己不想得到被拒绝的结果，就不要把这个结果加在别人身上，这就是"己所不欲，勿施于人"。秦穆公做到了，晋惠公没有做到。

这也就是为什么秦穆公能够成为春秋时期的五霸之一，而晋惠公却成为俘虏的一个原因吧。

除了"己所不欲，勿施于人"外，恕还包含以下两层含义：

"己欲立而立人，己欲达而达人。"关于这句话，孔子是这样说的："所谓行仁，就是自己想有所作为，也要帮助别人有所作为；自己想要通达顺畅，也要帮助别人通达顺畅。凡事能够从自己的情况设身处地地为别人着想，可以说是实行仁的方法了。"[①] 与前面的"己所不欲，勿施于人"不同，前者强调的是"不"，不要把自己不想要的强加给别人；后者强调的是"是"，自己想要的也应该帮助别人去实现。

"反求诸己"。这层含义出自被列为儒家四书之一的《大学》，意思是个人不满意他人的种种缺点和毛病，应该首先从自己身上去掉，不要再用来对待别人。它与前两种含义不一样，有一个自我检查的过程。先是由外到内，拿别人身上自己看不惯的东西来对照自身，之后再由内到外，正确地对待他人。如果说前面的两个要求主要是在我和你之间进行的话，那么后一个要求就是在我、你、他三者关系中展开的。

孔子非常重视恕道，他曾叫着曾参的名字说："参啊！我讲的道理是由一个思想来贯穿的。"曾参说："是的。"孔子出去后，别的学生问曾参："老师说的那个思想是什么？"曾参答道："忠

---

① 子贡曰："如有博施于民而能济众，何如？可谓仁乎？"子曰："何事于仁，必也圣乎！尧舜其犹病诸！夫仁者，己欲立而立人，己欲达而达人。能近取譬，可谓仁之方也已。"（《论语·雍也》）

恕罢了。"①

　　后人对恕道给予了极高评价,董仲舒说:"圣人所主张的道德,没有比恕更美的了。"(《春秋繁露·俞序》)

---

① 子曰:"参乎!吾道一以贯之。"曾子曰:"唯。"子出,门人问曰:"何谓也?"
　曾子曰:"夫子之道,忠恕而已矣。"(《论语·里仁》)

拾 得

孔子之所以抬高恕道，是因为它很好地表达了仁的精神。仁是儒家学说的核心，仅薄薄一本《论语》，就有109处提到仁，是出现频率最高的词汇。孔子之前，很少有人论及仁，是孔子赋予了它丰厚的内涵并将它提升为最重要的思想观念。

仁的主要内容有三个方面。

首先是爱人。这是仁的根本精神。

其次是尊礼。颜渊请教什么是仁，孔子说："克己复礼为仁。"（《论语·颜渊》）意思是只要人们自己主动地去实践礼，就基本上达到仁的要求了。克己复礼是仁的目的。孔子正是这样一个坚定的实践者，把复兴礼制作为自己的人生目标，终生都在为之奔走呼号，即便碰得头破血流也绝不改初衷。

再次是明德。樊迟问什么是仁，孔子说："平时态度恭敬，做事认真负责任，待人真心诚意。"[1]孔子还有一个叫子张的学生，也向他请教这个问题，他说，"处世能做到五个方面差不多就能达到仁了"，这五个方面是"恭敬、宽容、守信、勤奋、利他"。[2]

---

① 樊迟问仁，子曰："居处恭，执事敬，与人忠。虽之夷狄，不可弃也。"（《论语·子路》）

② 子张问仁于孔子，孔子曰："能行五者于天下为仁矣。"请问之，曰："恭、宽、信、敏、惠。恭则不侮，宽则得众，信则人任焉，敏则有功，惠则足以使人。"（《论语·阳货》）

孔子对仁的这两次回答，表示了这样一层意思，即仁爱贯穿于各个道德准则，由此可以说，仁是道德的总纲。

这一点是很好理解的，譬如，仁表现在对待父母上，就是孝；表现在对待子女上，就是慈；表现在兄弟之间，就是悌（tì）；表现在交往方面，就是诚和信；表现在制度和习俗领域，就是礼；表现在个人对群体、国家的态度上，就是忠；表现在社会关系上，就是和；表现在人与资源的关系上，就是俭……总之，仁的情感和精神渗透在各个规范里面，从而使这些规范成为一个有机整体。由于仁在道德中的这种核心地位，人们将中华传统道德称为仁德。

仁是通行天地人间的法则。朱熹说："从上天的角度看，仁表现为盎然地生化和抚育万物；从人的角度看，仁表现为温厚地关爱人和爱惜物。"[①]

儒家主张爱人惜物，但同时强调这种爱是有差别的，有亲疏远近之分。形象地说，仁爱好比是一个圆，个人是圆心，这个圆可以分为三个层面：最外头的一层是爱物，中间是爱他人，里面的一层是爱亲人。爱的程度与半径成反比，半径越短，就是说距自己越近，爱也就越优先、越深厚。具体说，就是爱家人胜过爱乡人，爱乡人胜过爱国人，爱国人胜过爱人类，爱人类胜过爱物质。朱熹形象地将这个观念比喻为水流，仁是水的源头，它流经三个台阶：第一个是孝悌，也就是亲人之爱；第二个是仁民，也就是关爱他人；第三

---

① 在天则盎然生物之心，在人则温然爱人利物之心。（《朱子文集》卷六十七）

个是爱物，也就是珍惜万物。①

仁爱是人类最美好、最普遍、最珍贵的感情，是道德总纲，而道德又被儒家视为天理，这就告诉我们，古人意识中，人情就是天理。

将仁的精神推广应用到政治领域，就是仁政。

---

① 仁如水之源，孝弟是水流底第一坎，仁民是第二坎，爱物则是第三坎。（《朱子语类》卷二十）

仁 RÉN
政 ZHENG
爱 AI
民 MIN
的 DE
政 ZHENG
治 ZHI
观 GUAN

要 义

　　仁政主要有两个方面：一是以道德教化作为治理国家的根本方针，表现为在执政者的表率作用下全体民众自觉地遵守社会秩序和规范；一是政治生活以民为本，表现为民众的最终决定作用以及执政者的爱民态度。

中华优秀传统文化是什么

儒家第一课

为政以德

以道德为轴心治理国家是儒家的政治纲领，
那么，儒家是怎样主张为政以德的？

尊礼正名

鲁国的卿大夫季平子在举行祭祖仪式的时候，排出了"八佾（yì）"，也就是八列舞队。

季平子是鲁国先国君鲁桓公的后代，与现在的国君是本家。鲁桓公让自己的一个儿子继承国君的位子，封另外三个儿子为正卿，卿是仅次于国君的大贵族，人们习惯上称这三家为"三桓"。后来，三家的势力急剧膨胀，竟然超过了国君，其中尤以季氏的权势最盛。

按照周礼规定，祭祖时要表演舞乐，舞队排成列，每列8人。大夫一级祭祖，使用4列舞队，由32人组成；国君一级祭祖，使用6列舞队，由48人组成；天子祭祖，使用8列舞队，由64人组成。季氏属于大夫一级，只能用4列舞队，可季平子野心膨胀，居然动用天子礼仪。但他只有4列舞队，还缺少4列，于是就从国君的舞乐队中抽调来了4列。

这一天也是鲁国国君祭祖的日子，舞乐队被季平子抽走了，只好对付着举行了仪式。

对季氏藐视周礼的行为，孔子非常气愤，说："是可忍也，孰不可忍也！"意思是说，要是连这样的事都可以容忍，还有什么不能容忍！

孔子谓季氏八舞于廷："是可忍也，孰不可忍也！"

——《论语·八佾》

孔子为什么如此愤慨？因为季平子藐视礼制，破坏名分。大夫、诸侯、天子是不同的等级，各有自己的名分，季平子是大夫，却不安于大夫的名分，擅自使用天子礼仪，这看上去不过是个祭祀形式问题，但反映出来的却是对社会秩序的颠覆。大夫不尊敬国君，国家就乱了；诸侯不尊敬天子，天下就乱了。孔子是鲁国人，鲁国日渐衰落的一个重大原因就是三家大贵族不守规矩，各自发展自己的势力，侵犯国君的权力，从而破坏国家的统一。

礼是社会各方面制度和社会成员道德规范的总称，要想使社会保持稳定，就必须遵守礼制。所以孔子主张"治理国家要依靠礼"[①]。所有社会成员，无论贵族还是平民，无论父子还是兄弟，只要人人都能够按照礼制规定来生活，那么就不会出乱子。这里起决定性作用的是氏族贵族内部的伦理关系，因为其成员掌握着行政、经济、军事资源。

然而，现实并不像人们想得那样乐观，孔子生活的年代是一个传统秩序正在被颠覆的时代，"礼崩乐坏"，一个重大表现就是名

---

① 为国以礼。（《论语·先进》）

分的颠覆。名分不仅仅是一个社会角色的名称，它的实质内容是社会地位以及与之相适应的规范，所谓的"君君、臣臣、父父、子子"。齐国的国君齐景公向孔子咨询治国道理，孔子说："国君要像国君，臣子要像臣子，父亲要像父亲，儿子要像儿子。"齐景公大有同感，应和道："说得太好了！要是君不像君，臣不像臣，父不像父，子不像子，就是粮食再多，我能够吃到嘴里吗？"[①]意思是说，如果人们不顾及名分，就像鲁国的季平子那样，眼里根本没有国君，创造的财富再多，也没他齐景公什么事。

出于维护氏族贵族内部伦理关系的考虑，当子路问孔子"假如卫国的国君请您主持国政，您打算首先做什么"时，孔子很干脆地回答："正名分！"（《论语·子路》）孔子的这个治国方略既具有一般性又是针对卫国的实际情况。卫国统治集团内部关系混乱，太子企图杀掉他的继母也就是国君夫人南子，暗中与国君也就是他的父亲较劲，而太子的儿子又跟他闹矛盾，父子俩争夺国君的位子，三代人名分全乱了。所以，要治理好卫国，必须首先理顺内部关系。

由此看来，尊礼正名的重点所要解决的就是"亲亲"，也就是爱亲人的问题，所以它是以德治国的一个重要构成了。

---

① 齐景公问政于孔子，孔子对曰："君君，臣臣，父父，子子。"公曰："善哉！信如君不君，臣不臣，父不父，子不子，虽有粟，吾得而食诸？"（《论语·颜渊》）

以身作则

回放

鲁国的治安很不好，盗贼越来越多，闹得挺凶。这时的执政大夫是季平子的孙子季康子，他忧心忡忡地找到孔子，请教对付盗贼的办法。

孔子说："如果您自己不贪求钱财，就是奖赏盗窃行为，也没人去当盗贼。"

季康子敛财是出了名的，他曾为田亩收税办法派冉求向孔子咨询，遭到拒绝，而且还带累了冉求，害得孔子与这个弟子划清界限。

不久，季康子又找到孔子讨论为政问题。他问："假如我通过杀掉那些不讲道义的家伙来端正社会风气，您认为如何？"

孔子摇摇头，说："您治理国家，为什么一定非用杀人的办法呢？您有心为善，百姓就会跟着做好事。执政者的言行举止就像是风，老百姓的表现就像是草，风吹过来，草一定顺着倒下去。"

季康子望着孔子不说话。孔子解释道："政的意思就是正。您带头走正道，谁还敢不走正道呢？"

原文摘要

季康子患盗，问于孔子。孔子对曰："苟子之不欲，虽赏之不窃。"

季康子问政于孔子曰："如杀无道，以就有道，何如？"孔子对曰："子为政，焉用杀？子欲善而民善矣。君子之德风，小人之德草。草上之风，必偃。"

——《论语·颜渊》

常言道：上行下效，上梁不正下梁歪。话说得虽然简单，但却是颠扑不破的真理，这就是儒家把官员或者说处在高位的人的示范作用作为治国原则的根据。

季康子两次问政，孔子的答复都是执政者以身作则。盗贼偷窃，是因为贪欲的驱使，这种行为是从哪里来的？是季康子影响的，他的缺乏自我克制和横征暴敛败坏了社会风气，小民没权收取费税，就去盗窃。要想维持社会秩序，杀人不一定管用，因为人心乱了，杀了这一个，那一个又冒出来，而思想意识是用屠刀杀不掉的，怎么办？办法只有一个，就是当政者自己做出好榜样。处在高位的人品德端正了，大家也就没有理由做坏事了。所以孔子说："执政者自身行为端正，就是不下命令，民众也会走上正途；行为有亏，就是下命令，也没人听他的。"[①] 孟子也是这个观点，他说："国君仁爱，就没有人不仁爱；国君有道义，就没有人不道义；国君的路走得正，就没有人不正直。一旦国君端正了，国家就安定了。"[②]

由于官员自身品德在治国中具有重要意义，儒家主张一定要选

---

① 子曰："其身正，不令而行；其身不正，虽令不从。"（《论语·子路》）
② 君仁，莫不仁；君义，莫不义；君正，莫不正。一正君而国定矣。（《孟子·离娄上》）

择有修养的人当官。孔子这样说："先学习礼乐而后得到官位的，是淳朴的一般人；先获得官位再学习礼乐的，是官大夫子弟。如果用人，我主张选择先学习后得到官位的人。"①

那么，官员能够做到以身作则吗？儒家的回答是肯定的，因为任何一个人都有善心，都具备行善的能力，官员乃至君主也是人，同样具有善心和行善能力，关键在于是否愿意去做。

---

① 子曰："先进于礼乐，野人也；后进于礼乐，君子也。如用之，则吾从先进。"（《论语·先进》）

道德教化

回 放

战国时期，有一个小国叫滕国，国君滕文公听说孟子是位贤人，便与他搭上了线。

滕文公向孟子请教治国的道理，孟子从历史谈起，借鉴的是夏代以来的经验。

在孟子看来，夏、商、周的治国经验可以概括为两条：一条是经济上实行十分之一税率，促进了生产；另一条就是抓道德建设，改造了民风。

滕文公认真地听着，眼里闪过一丝疑惑。

孟子进一步解释道："夏朝不是一般地说一说，而是设立了专门机构来教育民众。这些机构分别叫作庠（xiáng）、序、学、校。庠是教养的意思，序是陈列的意思，校是教导的意思。这三种机构都设置在乡里面，负责基层教育。学与它们不同，是国立教育机构。这些机构的主要职责是什么呢？就是教人明白人伦道理。处于上位的人明白伦理道德了，下位的人自然就爱戴他们了。"

滕文公点了点头。孟子鼓励道："请您身体力行吧，只要照这个办法做下去，滕国一定会焕然一新的。"

原 文 摘 要

孟子曰："……夏后氏五十而贡，殷人七十而助，周人百亩而

沏，其实皆什一也……设为庠序学校以教之。庠者，养也。校者，

教也。序者，射也。夏曰校，殷曰序，周曰庠；学则三代共之，皆

所以明人伦也。人伦明于上，小民亲于下。"

——《孟子·滕文公上》

那么，什么是人伦道理呢？孟子谈了五条，即"父子有亲，君

臣有义，夫妇有别，长幼有叙，朋友有信"（《孟子·滕文公上》）。

这就是著名的"五伦"。父子之间的关系，亲情是核心，以父慈子

孝为本；君臣之间的关系，基本原则是义，概括地说就是君敬臣、

臣忠君，以行为适宜为本；夫妇之间的关系，最主要的是双方的活

动要有区别，以夫主外、妇主内为本；长幼之间的关系，年龄次序

定尊卑，以年轻的遵从年长的为本；朋友之间的关系，互相信任是

前提，以诚实守信为本。

这五种关系是社会最基本的关系，它们理顺了，社会也就安定

了。教育民众明白人伦道理，就是要让每一个社会成员都掌握处理

这五种关系的基本准则。可以说，这是古代社会道德建设的纲要。

在儒家那里，道德建设在治国方略中占有突出位置。子贡向孔

子请教治国的道理，孔子说："使粮食充足，使军事完备，使民众

信赖。"子贡问："如果必须减掉其中的一项，去掉哪一项呢？"

孔子回答："军备。"子贡又问："如果必须再减掉一项的话，去

掉哪一项呢？"孔子回答："粮食。"为什么单单留下信用呢？孔

子回答："自古以来，人没有不死的，但要是民众不信赖政府，国

家就无法存在了。"①显然，在孔子看来，建设一个守信的、讲道德的政府比什么都重要。

除了对民众进行道德教育和树立政府道德形象外，表彰和奖励有道德的人也是道德建设的一项举措。鲁国的国君鲁哀公问孔子："要怎样做，民众才会服从呢？"孔子答道："提拔正直的人，使他们的地位在德行有亏的人之上，民众就会顺从；提拔德行有亏的人，使他们的地位在正直的人之上，民众就不会顺从。"②那时，当官是最好的出路，提升就是最大的奖励了，所以提拔任用什么样的人，对民众具有重大导向作用。

---

① 子贡问政。子曰："足食，足兵，民信之矣。"子贡曰："必不得已而去，于斯三者何先？"曰："去兵。"子贡曰："必不得已而去，于斯二者何先？"曰："去食。自古皆有死，民无信不立。"（《论语·颜渊》）

② 哀公问曰："何为则民服？"孔子对曰："举直错诸枉，则民服；举枉错诸直，则民不服。"（《论语·为政》）

拾　得

　　关于如何治理国家，孔子有一个总纲，那就是"为政以德"，他说："以道德教化的方法来治理国家，统治者就像是北极星一样，安坐在自己的位置上，其他星辰环绕在四周。"①这句话不仅申明了政治主张，而且还指出了这种方法是最有效率的。执政者以身作则，又教育民众明白了人伦道理，人人都恪守规矩，这时候执政者就不用忙着对付臣民了，因为大家都安于自己的位置，做自己应该做的事，那局面就像群星环绕北极星一样，民众拥戴着他们的君主。

　　古代有德治和法治之争。所谓德治，就是强调道德在社会政治生活中的决定性作用，主张以教化为本，刑法为辅；而法治正好反过来，认为道德教化解决不了多少实际问题，只能作为治国的辅助手段，法治才是治国的根本途径。孔子是德治的代表，以德治国也就成为儒家一个最显著特征，可以说，它是儒家道德本位思想在政治领域的反映。

　　那么，儒家为什么认为只有道德教化才能够解决根本问题呢？孔子是这样说的："以政令来左右，以刑罚来管束，可以带来避免民众犯罪的效果，但是不能使他们知道羞耻。以道德来教化，通过礼制来约束，可以使民众知道羞耻，还能够使他们走上正路。"②

---

① 子曰："为政以德，譬如北辰，居其所而众星共之。"（《论语·为政》）
② 子曰："道之以政，齐之以刑，民免而无耻。道之以德，齐之以礼，有耻且格。"（《论语·为政》）

显然，孔子是从心灵或者说思想意识的层面上看问题的。刑法有作用，但它只是在人的表面行动的范围设置防线，而对心灵就无能为力了，一旦时机适合，人就会突破法律界线，所以它的效力是有限的、暂时的。而德治就不同了，它的防线设在人的心里，人知道自己应该做什么不应该做什么，自觉地遵守包括法律在内的各种规矩，把握人生正途。德治走的是一条由内及外的路线，内外问题一起解决，治本又治标，所以其效力是无限的、长久的。

这一点很好理解，譬如现实生活中的腐败，国有国法，党有党规，政有政纪，法律规章已经够全面的了，可还是管不住腐败，而且有愈演愈烈的趋势。原因当然是多方面的，其中，执政人员的道德缺失不能不说是一个主要因素，他们思想意识上的防线相当薄弱，反映了长期以来道德建设的缺位。

儒家作为思想主流，影响了中国政治生活两千余年，为政以德也成为历代统治者治国的方针，可以说是中国的一个特色。中国历史上，安定多于动乱，统一多于分裂，很大程度上得力于儒家从心灵上解决问题的思想理念。

这并不是说只有古代中国才强调道德的政治作用，事实上西方思想也包含了这方面的内容，譬如英国哲学家休谟（1711～1776）。在他看来，个人天生就带来一个难以解决的矛盾，即欲望与自身本领的不平衡以及资源的匮乏之间的矛盾。怎样解决这一矛盾呢？只有与他人合作，结成社会。然而，要保证个人欲望得以实现，仅仅有组织是不够的，还必须专门设计一些大家共同遵守的规则，诸如正义，等等，这就是道德。道德的职责就是维护社会的正常秩序，从而保护每个成员的利益。西方思想虽然也重视道德的作用，但只有中国的儒家将它抬升到治国方针的高度。

　　总之，为政以德着眼的是从心灵上开启民众的自觉意识，这实际上包含了这样一个观念，即民众是不可忽视的。

以民为本

民众在政治生活中具有怎样的作用呢？

民重君轻

回放

孟子有个学生叫万章。这天，师生一起讨论君主的地位问题。

万章问："尧把天下交给了舜，是这样的吗？"

这是历史事实，谁都知道。不想孟子摇摇头，说："不是，天子不能把天下交给什么人。"

万章睁大了眼睛，问："可是舜毕竟拥有了天下呀，那么，是谁给他的呢？"

"上天给他的。"孟子静静地说。

"是命令他接受吗？"万章满是疑问。

"不，上天并不说话，只是通过事实决定这件事。"孟子答道。

万章越发糊涂了，"怎样决定呢？"

孟子说："安排舜主持祭祀而顺利完成，表明上天接受了他；安排舜主持政务而有条不紊，表明民众接受了他。所以说，舜得到天下，是上天给他的，是民众给他的。天子并不能决定这些，因此天子不能把天下交给谁。"

万章望着老师，还是不大明白。

孟子解释道："舜一直顺利地辅佐了尧28年，这不是哪一个人的意志所能够决定的，是天意；尧去世后，舜避开尧的儿子，离开都城跑到南边去，可是诸侯不去朝见尧的儿子，偏偏去到南边朝见舜，打官司的也不去尧的儿子那里评理，而是去找舜，这也不是哪一个人的意志所能够决定的，是天意。这样，舜才回来做天子。上天通过民众来表达它的意志，正如书里面说的那样：'天用我们百姓的眼睛来看，天用我们百姓的耳朵来听。'"

接着，两人又谈到了禹。

万章的意见是，到了禹的时代道德衰落了，禹把天子的位子不是传给贤人而是传给自己的儿子启。

看来万章还是没明白，孟子继续开导他，说："禹像舜推荐他一样，也把自己的助手益推荐给了上天。禹去世后，他的儿子启躲到了山里，然而朝见的人和打官司的人也跟着追到山里，而不到益那里去。为什么？因为启继承了禹的作风。"

孟子的意思是，民众并不因为启是禹的儿子而放弃他，他们选择的是贤明的人。天又一次通过民众的行动表达了自己的意志。

原 文 摘 要

万章曰："尧以天下与舜，有诸？"孟子曰："否。……天与之，人与之，故曰天子不能以天下与人。"

万章曰："人有言，'至于禹而德衰，不传于贤而传于子'，有诸？"孟子曰："否，不然也。天与贤，则与贤；天与子，则与子……匹夫而有天下者，德必若舜、禹。"

——《孟子·万章上》

孟子的观点很鲜明，君主的权位不是来自个人，具体说，不是由先前的君主决定的，而是来自上天的意志，由民众所决定。尧以及禹去世后，都留下了悬案：是由他们的儿子继任天子还是由贤人继任天子？这时候就看民众的选择了，得人心者得天下，而民众的选择也就代表着天意。这个选择虽然发生在一时，但其前提可以一直延续到从前，舜在他的岗位上一口气干了28年，政绩有目共睹，民众正是根据这一点把他推上天子位置的。他干得怎样，相关因素极多，不是哪一个人能决定的，可以说是命运，也就是天意使然。启也是一样，他的成材也不是由哪一个人决定的，取决于一系列因素。

不仅君主的权位由天意以及民众决定，君主的政务最终也应该听民众的。譬如用人。齐国的国君齐宣王问孟子，怎样才能在用人上不出现失误？孟子这样说，如果打算用一个人，身边的人都说这个人好，不要听；大夫们也说他好，也不要听；全国的人都说他好，经过考察，这个人确实好，这时候再任用他。打算罢免一个人，身边的人都说这个人不好，不要听；大夫们也说他不好，也不要听；全国的人都说他不好，经过考察，这个人确实不好，这时候再罢他的官。打算杀掉一个人，身边的人都说这个人该杀，不要听；大夫们也说他该杀，也不要听；全国的人都说他该杀，经过考察，这个人确实该杀，这时候再杀他的头也不迟（《孟子·梁惠王下》）。

再如重大决策。齐国攻打燕国，大获全胜，有人劝齐宣王趁机吞并燕国，齐宣王拿不定主意，来问孟子。孟子说，这得看燕国民众的态度了，要是他们高兴齐国来吞并燕国的话，就可以吞并它；要是他们不高兴被吞并的话，就不要吞并。

因为君主的政务遵从民众的意志，所以，用一个人不是君主用他，而是全国人民用他；杀一个人不是君主杀他，而是全国人民杀他；吞并一个国家也不是君主吞并它，而是包括这个国家百姓在内的人民吞并了它。

上述种种都表明了民众在政治生活中的首要意义，所以孟子说："民众最为贵重，掌管土地的神祇（qí）和掌管谷物的神祇第二位，君主排在最后。"①

---

① 孟子曰："民为贵，社稷次之，君为轻。"（《孟子·尽心下》）

善待民众

回放

春秋时期，晋国的卿大夫赵简子派尹铎（duó）去治理自己的封地晋阳城。尹铎问："是让晋阳的百姓像从蚕茧抽丝一样为您提供赋税呢，还是把那里作为保障家族的根据地？"

"当然是根据地！"赵简子回答。

尹铎到了晋阳，减少了每户的赋税。

赵简子叮嘱儿子赵襄子说："家族一旦有难，你不要以为尹铎年轻，也不要嫌路途遥远，一定要去晋阳城避难。"

赵简子死后，晋国的另一个卿大夫智伯瑶攻打赵氏。赵襄子打算出走，但拿不定主意去哪里。有人提议，长子城离得近，城墙坚固，军备充足，可以去那里。赵襄子摇摇头，说："我驱使当地的百姓筑城，让他们到了筋疲力尽的程度，现在他们怎么会与我同心协力呢？"有人建议，邯郸城的仓库充实，可以前往。赵襄子叹了口气，说："我为了充实仓库，榨取当地民脂民膏，现在他们怎么会与我同心协力呢？"去哪儿合适呢？大家都看着他。

赵襄子想起了父亲的叮嘱，决定出奔晋阳。

智伯瑶率大军包围了晋阳，掘开汾河，引水灌城，老百姓的锅灶都泡在水中，虾蟆跳上锅台，但没有人背叛赵氏。

赵简子使尹铎为晋阳。请曰："以为茧丝乎？抑为保障乎？"简子曰："保障哉！"尹铎损其户数。简子诫襄子曰："晋国有难，而无以尹铎为少，无以晋阳为远，必以为归。"……襄子出……乃走晋阳，晋师围而灌之，沉灶产蛙，民无叛意。

——《国语·晋语九》

赵襄子是明白人，他知道种瓜得瓜、种豆得豆的道理，所以他没有选择硬件条件好的长子城和邯郸城，而是投奔差一些的晋阳城避难，最后还是晋阳城的百姓在他走投无路的情况下拉了他一把，使他得以坚守孤城三年，终于等来了消灭智氏的机会。

孟子有句话说得极精辟，"君主看待臣子如同手足，臣子就会把君主看成自己的心腹；君主看待臣子如同犬马，臣子就会把君主看成陌路人；君主看待臣子如同尘土、小草，臣子就会把君主看成强盗、仇敌。"[1] 人们之间尽管存在着地位差异，但回报却是对等的，民众帮助赵襄子渡过难关，是赵氏家族善待晋阳百姓换来的结果。

善待民众是儒家政论的一个主题。孔子评论春秋时期郑国政治

---

[1] 君之视臣如手足，则臣视君如腹心；君之视臣如犬马，则臣视君如国人；君之视臣如土芥，则臣视君如寇仇。（《孟子·离娄下》）

家子产，说他有四条够得上君子的作为，后两条是照顾百姓的利益和役使百姓合于分寸（《论语·公冶长》）。

孔子有个学生叫有若，据说思维方式和说话口吻都像孔子，一次，鲁国国君鲁哀公问有若："今年收成不好，国家用度不够，你有什么法子？"有若说："可以实行十抽一的收税办法。"鲁哀公说："什么？十抽二我都嫌少，怎么可能十抽一？"有若问："要是百姓够用的话，您怎么会不够用？要是百姓不够用的话，您又怎么会够用？"（《论语·颜渊》）意思是说，如果把民众榨取光了，竭泽而渔，统治者就没有了钱粮来源，所以应该少索取，实行休养生息，储粮于民，只有这样，国家的财税才能源源不断。

善待民众不光对百姓有利，同时也是为统治者着想，对大家都有好处。

违背民心者亡

齐宣王与孟子讨论君主能否被侵犯的问题。

齐宣王问："殷商族的汤流放夏朝的天子桀（jié），周族的武王讨伐商朝的天子纣，有这样的事情吗？"

桀是夏朝最后一位君主，暴虐百姓，还把殷商族的领袖汤关押起来。汤被释放后，实施仁政，诸侯都来投奔他，汤起兵讨伐桀，桀逃跑了，在放逐中死去。周武王讨伐纣，是汤讨伐桀的历史重演，主要情节几乎一模一样。

孟子听了齐宣王的问话，说："这两件事情文献上有记载。"

"然而——"齐宣王接着问，"臣民杀掉他们的君主，这难道可以吗？"

孟子盯着齐宣王看了片刻，答道："我只知道，违背仁爱的叫作'贼'，破坏义理的叫作'残'，而'残贼'之人叫作'独夫'。我只是听说周武王诛灭了独夫民贼纣，没有听说过他除掉了他的君主。"

原文摘要

齐宣王问曰："汤放桀，武王伐纣，有诸？"孟子对曰："于传有之。"曰："臣弑其君，可乎？"曰："贼仁者谓之'贼'，贼义者谓之'残'。残贼之人，谓之'一夫'。闻诛一夫纣矣，未闻弑君也。"

——《孟子·梁惠王下》

简 议

齐宣王和孟子讨论的就是儒家津津乐道的著名的"汤武革命"。《周易》中有一卦叫"革",组成它的上卦是"泽",代表水;下卦是"离",代表火。水火不容,其结果就是变革。革卦的解释说:天地由于变革而形成四季的更迭,商汤和周武王的革命顺应天意、符合民意。革命的时代意义简直太伟大了![1]

孟子总结夏朝和商朝的经验教训,这样说:"桀和纣之所以丢了天下,是因为失去了民众支持;之所以失去民众支持,是因为丢失了民心。得天下的规律是,获得民众的支持就能得到天下;获得民众支持的规律是,得到民心就能获得民众支持;得民心的规律是,民众所要求的,就去满足他们,民众所厌恶的,不要强加给他们。民众归服仁政,就像水往低处流、野兽往旷野跑一样。"[2]汤是桀的臣子,武王是纣的臣子,民众却抛弃了天子投奔到臣子那里去,根本不承认桀、纣是他们的君主,这是怎样造成的呢?孟子认为,是桀和纣自己把民众赶过去的,是他们的暴政成就了商汤和周武王

---

① 天地革而四时成,汤、武革命,顺乎天而应乎人。革之时大矣哉!(《周易·革·象传》)

② 孟子曰:"桀纣之失天下也,失其民也。失其民者,失其心也。得天下有道:得其民,斯得天下矣。得其民有道:得其心,斯得民矣。得其心有道:所欲与之聚之,所恶勿施尔也。民之归仁也,犹水之就下、兽之走旷也。"(《孟子·离娄上》)

的事业，他们的灭亡是咎由自取。

总之，民心向背是第一位的。于是，孟子说了那句著名的话："天时不如地利，地利不如人和……得道者多助，失道者寡助。"（《孟子·公孙丑下》）什么是天时、地利、人和？他举例说，围困一座城池，久攻不下，是机会不对，这就是天时。城墙又高又坚固，护城河的水很深，兵器锐利，粮食充足，这就是地利。城固河险，兵精粮足，守卫城池的人却逃跑了，这就是人和在起作用。

即使占据有利时机和险要地形，如果得罪了老百姓，迟早要被消灭掉，这是颠扑不破的真理，是早就被历史证实了无数次的铁的规律。

拾　得

孟子认为，国家的存在与发展有两种基本路径：一是霸道，一是王道。所谓霸道，就是依仗实力来统一天下，其基础是强大的国力。所谓王道，就是依靠道德力量，通过推行仁义来统一天下，其基础是人格。历史上先前的圣王诸如商汤和周武王走的是后一条道路，所以这种统治方式就叫做王道。孟子所处的战国时期，风向全变，各国奉行的是霸道，比拼的是实力。最后秦国胜出，统一了天下，它走的就是一条典型的霸道路子，当然这是后话。

孟子是坚定的王道派。首先，王道合理。因为实行王道的君主用不着去跟别国对抗争夺，当然也就不必把人、财、物投入到穷兵黩（dú）武上，对内就可以推行仁政，加强人伦道德教育，减轻刑罚，减少赋税，一心一意改善民生。

然而，如果别的国家打过来怎么办？别怕，因为有民众的支持。孟子说，他们就是拿着原始的木棒也可以抗击武装精良、如狼似虎的入侵者。而那些实行霸道的国家，君主为了维持庞大的军费开销，对内一定横征暴敛，致使田地荒芜，百姓饥寒交迫、妻离子散，如果奉行王道的君主前去讨伐，是没人能够抵挡的。

其次，王道有效。孟子这么说，不是没有事实依据的，有历史为凭。商汤革命，当时的殷商不过是一个方圆仅70里地的小诸侯国，而夏桀却拥有整个天下；周武王革命，稍强一点，所占土地也才方圆百里，然而他们却胜利了，不是被征服者口服心不服的那种胜利，是真正的成功，天下民众心悦诚服。

据此，孟子说："国君如果热爱仁德，就可以无敌于天下。"①又说："仁爱的人天下没有对手。"②

这么说对吗？相反的例子是，后来的秦王嬴政并不实行仁政，但却横扫六国，建立了大一统的王朝，自称始皇帝。近代的例子更多，没有实力，不要说与别人竞争了，连自己也保不住。英法联军进攻北京，清军近 4 万精锐部队在通州的八里桥阻击，联军不到 8000 人，一仗下来，清军伤亡过半，而对方只被打死区区 12 人！这怎么解释？一种观点认为，这恰恰为孟子的观点提供了证明，大秦帝国军力无比强大，但只存在短短 15 年就完结了，这就是实行霸道和暴政的结果；清军一触即溃，正是国政腐败的结果。

如果说八里桥阻击战的惨败是双方武器装备过于悬殊的话，不妨再看看甲午海战，这一仗北洋水师全军覆灭，是实力不如人吗？不是。北洋水师的军舰总吨位名列世界第七、亚洲第一，旗舰"定远"号是排水量 7000 吨的铁甲舰，当时的巨无霸，相当于后来的战列舰，战斗力在日本海军之上，但却输得这样惨，原因只能用国政腐败来解释。执政者对自己的人民毫无爱心，所谓"宁赠友邦，不与家奴"，老百姓被当成家奴，奴隶怎能跟统治者一条心？再看两宋，它是当时的经济和科技强国，已经发明了火枪和火炮，但却先败于辽，后败于金，最后灭于蒙古，这些对手的生产方式没有一个不是远远落

---

① 夫国君好仁，天下无敌。（《孟子·离娄上》）

② 仁者无敌。（《孟子·梁惠王上》）

后于宋，科技更没法相比，但宋朝只能一退再退，根本原因还在于政治。

所以，一个国家的强大，首先在于政治清明，在于对自己人民的态度。人民永远是第一位的，这就是儒家思想和历史告诉我们的。

那么，为什么一定要实行仁政呢？这就要到人性中寻找原因了。

人之成为人的根本途径

REN ZHI CHENG WEI REN DE GEN BEN TU JING

要 义

　　善是人的天赋本性，善的感情是道德的发端。然而外部环境的作用往往使人偏离本性，要发挥人的善性和道德性，必须进行后天修养，修养是人之成为人的过程。

中华优秀传统文化是什么

儒家第一课

人性善

前面说过，
儒家坚决反对把人的本性降低为动物性，
那么，人的本性是什么呢？

同情心

回放

告子与孟子辩论人性。

告子说："人性就像是湍急的流水，东边有缺口就往东边去，西边有缺口就朝西边去，没一定的方向，所以也无所谓固有的人性。"他瞧了孟子一眼，加重了语气，"我的意思是说，人性无所谓善还是不善。"

"不错。"孟子点点头，"水是向东流还是向西流的确不一定，可是难道从高处向低处流也不一定吗？"

告子愣了，这一点他还真没想到。

孟子接着说："水一定要向下流动，没有不向下流的水，这就是它固有的本性，人性也一样，也有固有的本性，这就是善。"

"既然人性是善的，可为什么还有人做坏事？"告子问。

孟子答道："确实有人做坏事，但这不能说明人的本性是恶。好比您拍打水面，激起的水花可以高过人的头顶；在河中筑堤，水可以上山，但这不是水流的本性，是外部力量改变了它，人做坏事也是这样，是环境形势造成的。"

原文摘要

告子曰："性犹湍水也，决诸东方则东流，决诸西方则西流。人性之无分于善不善也，犹水之无分于东西也。"孟子曰："水信无分于东西，无分于上下乎？人性之善也，犹水之就下也。人无有不善，水无有不下。"

——《孟子·告子上》

 简 议

　　孟子和告子辩论的不是一般的人性问题，而是人的本性问题。这两个问题是有区别的，前者主要探讨的是人性的构成要素，而后者要解决的则是人的根本性质，也就是哲学上说的人之所以为人的根据。孟子的观点很明确，人的本性是善。那么，为什么说人性善呢？

　　孟子是从怜悯心谈起的。他曾举过一个例子，说有个小孩子在井台上玩，突然险情发生，小孩子向井口滑落。此刻看到的人没有不惊骇的，这说明了人有怜悯心、同情心。当事人在险情中惊惧、痛苦，别人虽然处身于外，但心里也一样不好受，大家的感情是共同的。在孟子看来，同情心是仁的萌芽。仁是什么？是善，所以同情心反映的就是善（《孟子·公孙丑上》）。

　　那么，善是从哪里来的呢？在孟子看来，那些人之所以表现出同情心，并不是为了跟小孩子的父母攀交情，不是为了博取好名声，也不是因为害怕听到小孩子的哭声。这就是说，同情心是自然而然的、本能的、与生俱来的，是人的本性。所以孟子说："没有同情心，不算是人。"[1]

---

① 无恻隐之心，非人也。（《孟子·公孙丑上》）

善的普遍性

孟子见齐宣王，两人谈的是治国。

齐宣王对实行仁政没信心，担心地问："像我这样的人也能安抚民众吗？"

"能。"孟子使劲点点头。

"哦？先生凭什么这样肯定呢？"齐宣王来了兴趣。

"我听说有一天大王坐在堂上，见到一个人牵着牛走过来，就问把牛牵到哪里去？回答是用它来做祭祀。您说：'放了这可怜的畜生吧，没见它吓得直打哆嗦吗？没有罪过就被处死，真让人不忍心啊。'那人问祭祀怎么办，大王下令用羊来代替。不知是否有这回事？"

"有。"齐宣王脸上露出了笑容，好像这是一件很好玩的事情，但立即又愤愤起来，"可是老百姓却笑话我以小换大，是小气鬼。"

"那是民众不了解内情，我当然明白您是出于不忍心。有这样的心肠，足以使天下归顺了。"孟子说。

"是啊。"齐宣王说，"齐国虽然不大，我也不至于吝啬一头牛的。我只是不忍心见它哆嗦的样子，没有罪过而被送进屠场。"

"这就是仁爱了。"孟子指出。接着说道："君子亲眼见过活的禽兽，就不再忍心看到它死去；亲耳听到了它的叫声就不再忍心吃它的肉，所以君子都离厨房远远的。"

原 文 摘 要

王曰："……齐国虽褊（biǎn）小，吾何爱一牛？即不忍其觳觫（hú sù），若无罪就死地，故以羊易之也。"……（孟子）曰："无伤也，是乃仁术也，见牛未见羊也。君子之于禽兽也，见其生，不忍见其死；闻其声，不忍食其肉。是以君子远庖（páo）厨也。"

——《孟子·梁惠王上》

简 议

国君不是一般的人，但他与那些见不得小孩子掉进井里的老百姓一样，也有一颗同情心。所以孟子说："人人都有怜悯别人的感情。"①

在这一点上，无论是普通民众也好，君子也好，圣人也好，并没有根本区别。为什么呢？在孟子看来，凡是同类事物都是相似的②。他拿大麦举例，往田里撒下麦种，如果土质差不多，播种的时间大体相同，到了夏至的节令，就可以收获麦子了。即使有所差异，也不是麦子本身造成的，而是由于土地肥沃程度以及人们投入劳作程度的不同所带来的结果。人也一样。譬如嘴，不管是谁的嘴巴，都喜欢美味，对美味的感受和选择都有共同之处；再如耳朵，不管是谁的耳朵，都喜欢美声，说明大家的听觉都差不多；同样的，眼

---

① 人皆有不忍人之心。（《孟子·公孙丑上》）

② 凡同类者，举相似也。（《孟子·告子上》）

睛也是如此。由此孟子说："嘴巴对于味道，有着相同的嗜好；耳朵对于声音，有着相同的听觉；眼睛对于姿色，有着相同的美感。"①从感官知觉上的相似，孟子继而推广到人心的相似。他问："人心所公认的东西是什么？"回答是："理、义。"②意思是说，不管是谁，人人心里都装着根本道理、道德。换句话说，每个人都具有善的本性，善是人的共性、普遍性。圣人与普通人的差异只在于，前者对理及义的先知先觉。

孔子没有明确提出人性善，但他一样承认人具有共性。他说："就本性而言，人与人是相近的；就习惯而言，人与人就有不小的差别了。"③

---

① 口之于味也，有同耆焉；耳之于声也，有同听焉；目之于色也，有同美焉。(《孟子·告子上》)
② 心之所同然者何也？谓理也、义也。(《孟子·告子上》)
③ 子曰："性相近也，习相远也。"(《论语·阳货》)

道德的发端

孟子和他的弟子公都子讨论人的本性问题。

公都子说：“您认为人的本性是善的，我有两个疑问。”

“请讲。”孟子说。

“周朝的文王、武王当政的时候，百姓趋于善良；可到了幽王、厉王当政时，百姓就趋于残暴了，在不同的时候，同是人，为什么可以让他善良也可以让他不善良呢？这是其一。其二，尧执掌天下的时候，既有尧和舜这样的圣人，又有象和瞽瞍这样的恶人，在同一个时候，同是人，为什么有的人本性善良有的人本性不善良呢？”——象和瞽瞍是舜的弟弟和父亲，他们处心积虑地想害死舜——“您说人性善，那么，为什么会出现这些情况呢？”

孟子答道：“从人的天赋资质说，本来是可以为善的，我讲的人性善指的就是这一点。至于有些人趋于恶，不是天资的错。”

“为什么从天资方面说，人性是善的呢？”公都子又问。

孟子说：“同情心，人人都有；羞耻心，人人都有；恭敬心，人人都有；是非心，人人都有。同情心就是仁，羞耻心就是义，恭敬心就是礼，是非心就是智。仁、义、礼、智不是谁教给我的，是我本来就有的，只是人们没有深入思考这一点罢了。所以说，‘一经探求就可以得到它，一旦放弃就会失掉它。’人们的德行有的相差一倍、五倍，甚至拉大到无数倍，其原因就在于发挥天赋资质的程度。"

原文摘要

孟子曰："乃若其情，则可以为善矣，乃所谓善也。若夫为不善，非才之罪也。恻隐之心，人皆有之；羞恶之心，人皆有之；恭敬之心，人皆有之；是非之心，人皆有之。恻隐之心，仁也；羞恶之心，义也；恭敬之心，礼也；是非之心，智也。仁义礼智，非由外铄我也，我固有之也，弗思耳矣。故曰：'求则得之，舍则失之。'"

——《孟子·告子上》

简议

孟子与弟子的这段对话，是从道德发端的角度讲人性善。

孟子强调，他说的人性善，讲的是天性。用哲学语言来表达，就是原初性、本真性。《三字经》开篇说的"人之初，性本善"很好地表达了这个意思。为什么说人原本是善的呢？因为同情心、羞耻心、恭敬心、是非心这些情感人人都有，从道德上看，同情心就是仁，羞耻心就是义，恭敬心就是礼，是非心就是智。孟子在另一处没有像这里这样把感情直接等同于道德，而是讲感情是道德的发端。他说："同情心是仁的萌芽，羞耻心是义的萌芽，恭敬心是礼的萌芽，是非心是智的萌芽。"① 这样说，是为了加强后天学习的

---

① 恻隐之心，仁之端也；羞恶之心，义之端也；辞让之心，礼之端也；是非之心，智之端也。（《孟子·公孙丑上》）

地位。具体表述有差异，但主旨是一致的，那就是将感情视为道德的来源。

由此可以明确两点结论。第一，人性中包含着德行，因为道德感情是与生俱来的。所以孟子说，仁、义、礼、智不是谁教给我的，是我本来就有的。①孔子也认为人生来就具有道德素质，他说："天生德于予。"（《论语·述而》）上天赋予我道德。第二，人性是善的，因为道德是善。

---

① 仁义礼智，非由外铄我也，我固有之也，弗思耳矣。（《孟子·告子上》）

拾 得

主张人性善是儒家的一大特征。那么，人性善的思想有什么意义呢？

首先，它彰显了对人类的信心。善对人来说不是从外面强加于人的附加物，不是可有可无的东西，也不是表面的言谈举止，而是根子上、本质上就具有的性质。所以，人一定会善待别人和自己，一定会遵守社会秩序和规范，这是谁也不能动摇的主流，更不可能把善从人身上去除掉，它是永恒不变的。那些恶的现象不具有本真性，不是人类的本来面貌，无论是发生在个人身上，还是出现在群体上面，都是可以克服的，因此是暂时的。

其次，它提供了价值的基础。从哲学上看，价值就是对自己需要的满足，某种东西能够满足需要，它就是有价值的，对人们来说也就是善的。这也是孟子理解善的一个视角。有人问他什么是善，他回答道："可以满足人的欲望的就是善。"[①]这样，在人性善、道德善之外又有了一个善——满足需要之善。

然而，随之而来的问题是，人的需要是各种各样的，有好的需要，也有不好的需要；有自私的需要，也有为他的需要，这岂不等于说，满足人的恶的需要的东西也是善的吗？譬如，杀人手段、阴谋诡计、色情毒品，等等。那么，如何解决这个矛盾呢？这就要求

---

① 可欲之谓善。（《孟子·尽心下》）

将人的需要与人性相联系，符合人性的需要才是有价值的、善的，反之就是无价值的、恶的。人们说，色情毒品是恶的，就因为它们造成人性扭曲变形，使人堕落到动物的层面上。这就是说，满足需要之善一定要符合人性之善、道德之善，后者是本，前者是用，这样，价值也就有了导向，两个善统一起来。

这也为我们提供了理解真善美和假恶丑的一种思路。善的人性是天生的、原初的，所以是真；它无论对自己还是对他人、对社会来说，都是最需要的，所以是善；它令人感到愉悦、使人感动，所以是美，人性是真善美的统一。反之，非人性的东西，譬如偷盗行为，尽管它确实存在着，但却是人性的扭曲变形，所以是假；它对偷盗者本人并没有真正益处，对别人和社会更是危害，所以是恶；这种行为让人讨厌，所以是丑，非人性的东西是假恶丑的统一。

再次，它提供了一个以善为核心的基本模型。对个人来说，它表现为修身养性或者说致力于人性完满的生活方式；对治国来说，它表现为仁政或者说王道的政治模式；对社会发展来说，它表现为有利于人的完善或者说以人为本的评价标准。

然而，一个明显的问题是，现实生活中存在着大量的恶，原因在哪里呢？

修 养

《三字经》说：
"人之初，性本善。性相近，习相远。苟不教，性乃迁。"
要使善的本性发挥出来，
必须加强教育。

养 心

孟子与弟子公都子继续讨论人的本性问题。

对于公都子问的具有善的本性的人为什么会做坏事的问题，孟子没有直接回答，而是谈到了牛山。牛山是齐国都城临淄南边的一座山，孟子曾接受齐宣王之邀，到齐国当大夫，在临淄住了一段时间，对那里的景物很是熟悉。

"去过牛山吗？"孟子问。

公都子点点头。他有些奇怪，人性与牛山有什么关系。

孟子说："牛山本来是座绿山，草木苍翠，郁郁葱葱。可是由于它位于城郊，总有人拿着斧子去砍树打柴；还有人把牛羊赶到山上，它们把树枝和嫩芽都啃光了，结果，山变成了秃山。人们见山上光秃秃的，就以为它本来就是那个样子，难道这是山的本性吗？"

"不是。"公都子说。

"好。"孟子话锋一转，"人也是如此。人本来是有仁义之心的，之所以有人失去了善心，就像是斧头对待树木，天天砍伐，树不能繁茂一样，善心怎么能够长久呢？人在夜里萌生善的心思，到了白天做事，就把善心抛到一边去了。这样反反复复地泯灭，他在夜里心中萌发的善心就不能存留，人一旦失去了善心，就跟禽兽差不多了。"

公都子静静地望着老师，边听边思索。

孟子接着说："别人见他这个样子，就以为他资质有问题，这难道是他的本性吗？要知道，他原本不是这样的。"顿了顿，孟子加重语气说："所以，如果得到好的养护，没有东西不能生长；如果丧失了好的养护，没有东西不能消亡。人心就是这样。"

孟子曰："……虽存乎人者，岂无仁义之心哉？其所以放其良心者，亦犹斧斤之于木也，旦旦而伐之，可以为美乎……夜气不足以存，则其违禽兽不远矣，人见其禽兽也，而以为未尝有才焉者，是岂人之情也哉？故苟得其养，无物不长；苟失其养，无物不消。"

——《孟子·告子上》

孟子这里讲的是人性与环境的关系问题。

人性是先天的，环境是后天的，好的环境可以使人性或者说良心得到成长，坏的环境则使良心泯灭、丧失。就像牛山一样，具有生长草木的性质，本来也长满了树，后来环境变了，被刀砍斧伐，再加上牛羊啃噬，这种性质便遭到抑制，最后成了一座秃山。环境对人的影响非常明显，孟子观察到，丰收年景的时候，年轻人大多懒惰，而在灾年，他们又变得有些强横（《孟子·告子上》）。

人的本性原来都是一样的，是环境造成了人们之间的差异，要想使人健康地成长，首先必须提供有利环境。这方面最著名的例子是"孟母三迁"。据传，孟子小时候，家离坟地很近，小孩子淘气，时常跑到坟墓旁边玩耍，孟母认为这会影响孩子的心理健康，就把家搬到了市场附近。不想孟子又经常往市场里跑，商人奸诈油滑，唯利是图，孟母认为这样下去孩子一定会沾染上不良习性，又把家搬到了学校附近。学校是教育人的地方，孟子听到的是读书声，看到的是师生之间的礼仪举止，孟母终于满意了，在这里住了下来。是否真的是这样，尚需考证，但意思是符合孟子的思想的。

孟母三迁，着眼的不是人的谋生本领，而是道德品质，用孟子的思想说就是良心的养护。由于人性、良心的成长取决于后天环境，人就存在着养心问题。善的人性只是提供了一个前提，通俗地说就是一个毛坯，人能不能成为一个让别人和社会接受的人，就看他对自己的良心养护得怎样。

什么是心的养护？对现实生活中的人来说，就是把放纵了的良心收回来，孟子把这叫作"求放心"。怎样才能收回良心？根本的途径是学习①。学习什么？道德。在孟子看来，"仁，是人的最安稳的住宅；义，是人的最正确的道路。"② 所以，把自己的心安放在仁义上面，就是养护心了。

养心是人生的一大使命。孟子说："充分发挥人的本心，就是知晓人的本性了。知晓人的本性，就是通达天命了。保持人的本心，养护人的本性，是侍奉上天的办法。"③

----

① 学问之道无他，求其放心而已矣。（《孟子·告子上》）

② 仁，人之安宅也；义，人之正路也。（《孟子·离娄上》）

③ 孟子曰："尽其心者，知其性也。知其性，则知天矣。存其心，养其性，所以事天也。"（《孟子·尽心上》）

养心的要求

一天夜里，卫国的国君卫灵公与夫人在宫里说话，这时，一阵车轮声远远传来。声音越来越大，突然一下就变轻了，过了一会儿，车轮声又响了起来，之后便渐渐消失在夜空的寂静中。

卫灵公问："夫人可知道车上坐的是谁？"

"蘧（qú）伯玉。"夫人回答得非常肯定。蘧伯玉是卫国的大夫。

"哦？"卫灵公望着她，问："你怎么知道一定是蘧伯玉？"

夫人说："臣子乘车经过宫室大门，应该下车，徒步而过，车辆行走要轻，用来表示对国君的敬重。现在夜已经深了，外面没有人，即使不这样做也不会被发现。在这种情况下，臣子一般都不会下车，但蘧伯玉不同，他一定要下车徐行，因为他修养品德是为了提高自己，而不是做样子给别人看，所以我说刚才路过宫室的人是蘧伯玉。"

卫灵公派人去察看，那人果然是蘧伯玉。

公问夫人曰："知此谓谁？"夫人曰："此蘧伯玉也。"公曰："何以知之？"夫人曰："妾闻礼，下公门，式路马，所以广敬也。夫忠臣与孝子，不为昭昭信节，不为冥冥惰行。蘧伯玉，卫之贤大夫也，仁而有智，敬以事上，此其人必不以暗昧废礼。是以知之。"

公使视之，果伯玉也。

——刘向《烈女传·卫灵公夫人》

蘧伯玉与孔子是朋友，孔子周游到卫国，就在他家住了一段时间。故事中的蘧伯玉是一位对自己要求非常严格的人，即使在个人独处的情况下，没有人看见，也恪守礼制，一丝不苟。从修养上说，这就是诚，诚的本意是追求真实，既不欺骗别人也不欺骗自己。在孟子那里，真诚是养心的一个基本态度，他说："一切我都具备了。反省自身发现自己是诚实的，乃是最大的快乐。"[1]

养心不仅必须真诚，还需要专注，一心一意地投身于学习。孟子关于学棋的那个著名寓言，说的就是这个意思。有个叫弈秋的人，是棋艺高手，假使让他教两个人学习棋艺，其中一人专心致志地听弈秋讲授；另一个人尽管也听着，但心里想的却是有天鹅快要飞过来了，准备拿弓箭去射它。尽管两个人都在学棋，成绩一定不一样。是后一个人的智慧不如前一个人吗？不是的，是他不专心罢了。下棋不过是小技能，不专心也学不到手，更不要说养心这样的大事了。

除了专注外，养心还需要坚定的意志，能够抵御自身欲望的驱使和外界的种种诱惑。人的善性的遮蔽、良心的游离，在于欲望向环境妥协，主要表现为人的肉体感官追求对外物的享受。在孟子看来，外物是物质，感官也是物质，物质抵御不了物质，这时候就需

---

[1]　孟子曰："万物皆备于我矣。反身而诚，乐莫大焉。"（《孟子·尽心上》）

要心这种异质的东西发挥作用，用它来克服感官欲望，这样，感官就不能夺走善性了。所以，孟子说："修养心性没有比减少欲望更好的办法。"①人一旦树立起心的主导地位，以仁义为追求目标，就不会再去羡慕人家的精米肥肉、锦衣绣服以及显赫的声誉（《孟子·告子上》）。坚定的意志还表现在韧性上，要耐得住寂寞，不能急于求成。有一个寓言叫"拔苗助长"，也是孟子讲的，说的就是这个道理。

后来的儒者特别注意养心过程中的勤奋和彻底，将《论语》所倡导的"吾日三省吾身"的精神发挥到极致。明代大儒王守仁（1472～1528）曾这样说，没事的时候，也不能让心闲着，应该把好色、好财、好名等见不得人的东西通通从心里面搜索出来，一个也不让它漏网，然后逐一剿灭，连根拔除，永远不叫这些龌龊东西再现，不达目的，决不收兵。他把这个过程比喻为猫捉老鼠，良知好比是猫，它眼睛瞪着，耳朵竖着，邪念刚一萌动，立刻扑上去彻底剿灭，斩钉截铁，决不手软，不姑息，不窝藏。做到这种地步，才算是下定了决心，也才能把心打扫干净（《王阳明全集》卷一）。

这样看来，养心大概是世界上最难的一件事情了。

---

① 孟子曰："养心莫善于寡欲。"（《孟子·尽心下》）

正 气

孔子为推行自己的政治主张，前往卫国游说国君卫灵公。卫灵公对德治不感兴趣，问起了作战布阵的方法。孔子对答说："礼制方面的事我曾经听说过，军旅之事却不曾学习过。"于是很快离开了卫国。

后来，他的学生冉求给鲁国的执政大夫季康子做家臣，带兵与齐国打了一仗，赢了。季康子挺惊讶，便问冉求："你的这个本领是天生的还是学来的？"冉求说："跟孔子学的。"季康子问："孔子是怎样的人？"冉求答道："任用他一定要符合名分，让他把德政传播给百姓，这样做即使对质于鬼神也不会有所遗憾。但如果让孔子像我一样带兵打仗，就是封给他两万五千家人口，先生也绝不会干的。"

孔子走了几个诸侯国后，又回到卫国。卿大夫孔文子打算用兵，问孔子计谋，孔子说自己不懂军事，推掉了。回来后立即吩咐准备车子离开，孔文子坚决挽留，可一点用也没有。就这样，孔子结束了周游列国的行程，回到了鲁国。

原文摘要

冉有为季氏将师，与齐战于郎，克之。季康子曰："子之于军旅，学之乎，性之乎？"冉有曰："学之于孔子。"季康子曰："孔子何如人哉？”对曰：“用之有名；播之百姓，质诸鬼神而无憾。求之至于此道，虽累千社，夫子不利也。”

——《史记·孔子世家》

当时的孔子在鲁国改革失败，急需找到一个落脚之处，继续推行他的政治纲领，以期为各国树立榜样。在他看来，卫国是最有条件进行他的政治实验的地方，所以他离去又回来。然而，他终究待不下去，没人赶他走，是他自己要走，之所以如此，导火索就是当政者请他帮助用兵。

孔子于军事并不外行，他身躯伟岸，精通剑术，带兵作战也有一套，有冉求的话为证。《淮南子》说他的勇气让最勇敢的武士孟贲（bēn）也钦佩不已，跑起来快得能追上狡猾的兔子，力气大得能够举起城门的门杠（《淮南子·主术训》）。孔子也并不一概地反对武力，据《左传》记载，齐鲁两国国君会盟，孔子随同鲁国国君鲁定公出席。齐国不怀好意，阴谋劫持鲁定公，孔子临危不乱，保护国君退走，调动军队御敌，迫使齐国坐下来谈判。由于孔子态度强硬，事先又做好了军事部署，齐国归还了以前侵占的鲁国土地。他之所以拒绝帮助卫国用兵，是因为卫灵公以及孔文子准备采取的军事行动没有道理。孟子说春秋无义战，他们想打的就是不义之战。面对这种不义行为，孔子绝不用原则做交易，绝不允许自己做违背仁义的事情，尽管这一决定会使他失去最后的政治机会。

从孔子身上我们看到了什么？志节。也就是孟子所说的“浩然正气"。浩然正气是养心的一个境界、一种成果。

从孟子的论述中①，我们可以看到，这种气有三个特点：一是刚健强大，它具有无所畏惧、压倒邪恶的气势；二是堂堂正正，它代表着正义和真理，具有大义凛然、顶天立地的性格；三是厚重坚韧，它由长久持续的修养孕育而成，具有不可撼动、百毒不侵的品质。

浩然正气是表现在外的东西，它的内核是意志，也就是追求道义的志向。孟子说："意志是意气的统帅，意气是使人坚挺的力量。"②譬如勇气，它属于意气，表现为无所畏惧。勇气可以分出两种。一种是受不得一点侮辱，谁瞧不起他，他就跟谁拼命。另一种是以正义为前提，如果自己有理，面对千军万马也决不后退；如果自己没理，即使对方是一个卑贱之人，也不能去侵犯。前一种勇气尽管也包含着不畏惧，但缺少道义的支撑，所以称不上是浩然正气；后一种勇气立足于道义之上，这样的勇才慑人心魄。

人们修身养性到了培育出浩然正气这一步，可以算是铁骨铮铮的汉子了。孟子说："在天下有道的时候，与民众同行；天下无道的时候，则走自己的路。获得富贵不能使他骄狂，处于贫贱不能改变他的意志，面对威武不能令他屈服，这样的人才叫大丈夫。"③

---

① 其为气也，至大至刚，以直养而无害，则塞于天地之间。其为气也，配义与道。无是，馁也。是集义所生者，非义袭而取之也。行有不慊（qiè）于心，则馁矣。（《孟子·公孙丑上》）

② 夫志，气之帅也；气，体之充也。（《孟子·公孙丑上》）

③ 得志，与民由之；不得志，独行其道。富贵不能淫，贫贱不能移，威武不能屈。此之谓大丈夫。（《孟子·滕文公下》）

拾 得

善恶问题始终是人学的一个焦点，也是难点。主张人性善的学说，一直面临着一个困难，就是如何解释人身上表现出来的恶。

我们来看一下西方哲学是怎么说的。基督教哲学家托马斯·阿奎那（1226～1274）认为，人是上帝根据自己的精神创造出来的，当人在孕育的那一刻，上帝也就创造了一个灵魂，注入刚刚产生的身体中（这种说法有道理，人一来到世界上，就置身于道德环境中，这样的潜移默化就是注入灵魂）。上帝是最高的善，所以人在本性上也是善的。然而，人与上帝毕竟不同，上帝是最高的存在，或者说是最大的普遍性，而人不过是一个个具体的存在，只要是具体就总有不完善的地方，表现为善的缺失和冲突。

譬如一个失明的人，他无疑具有人的本质，但却失去了人本来就有的视觉能力，善缺失了，这是大不幸，所以失明是一种恶。再如，两国交战，双方的士兵在战场上相遇，他们为自己的国家而战，要保住自己就必须与敌人拼杀，就此而言双方都是善的，但却造成了恶的结果：杀人和被杀。在这里，恶表现为善的冲突。将恶归结为善的缺失和冲突，可以说是托马斯·阿奎那以上帝的名义对人的肯定和信念的表达，其中充满了积极进取的精神和乐观豁达的态度，与后来伟大的文艺复兴运动对人性的高扬如出一辙。

儒家不信神，由此也就避免了托马斯·阿奎那式的理论尴尬，因为不能说丑恶也是造物主创造出来的。孟子的办法是把丑恶归于环境，这种解释较为合理，既承认了人身上存在着丑恶的现实，又找到了一条解决问题的途径，就是通过学习道理或者说修养，使善的本性得到保护，使心中的道义得到彰显，从而远离禽兽，所以这个过程可以说是人成其为人的过程。

孟子之后，儒家继承者中，董仲舒的观点有所不同，他把人性分为性和情两个部分。性代表着仁义，是善；情代表着贪婪，是恶。性是内在于人的，与上天的阳相对应；情是人的外在表现，与阴相对应。阳为主，阴为从，所以善起着主导作用，恶处于从属地位。在这里，人性分裂了，表现为二重结构的矛盾体。

朱熹的见解复杂一些。他认为，人是由"理"和"气"共同构成的：理是形而上，是精神；气是形而下，是物质。相应的，人性也就分成了两个部分，即"天地之性"和"气质之性"。前者来自理，表现为仁、义、礼、智一系列根本道理，是善。后者来自理气混杂，表现为欲望，可善可不善，为生存所必需的欲望是善的，而放纵的欲望则是恶的。人性的这两个部分中，天地之性是本，气质之性是末。

董仲舒与朱熹虽然都在人性中加进了恶的成分，但始终强调善是主体，是根本，这与孟子相去并不远。更重要的是，尽管他们之间存在着差异，但都同样强调修身养性。那么，儒家为什么这样重视修身养性呢？除了自身人格的培育外，还有别的意义吗？回答是肯定的，这就是齐家治国平天下。

奋发有为的人生道路

FEN FA YOU WEI DE REN SHENG DAO LU

要 义

立志于以道义来塑造自己的人格以及教化民众，并且身体力行，构成了责任意识的基本内容。要肩负起这一重任，必须树立起当仁不让的豪情、无所畏惧的意志、自强不息的气概以及知其不可而为之的精神。

中华优秀传统文化是什么

儒家第一课

责任意识

修身、齐家、治国、平天下是儒家大力倡导的人生责任，
是对每一个读书人的基本要求。
那么，这种责任意识的基本内容是怎样的呢？

立志向

孟子有个弟子叫万章。这天，他们讨论有关重任的问题。

万章问："有人说，伊尹为了求得官职，竟然去给汤做厨师，是这样的吗？"

汤是商族的领袖，又被称为商汤，他联合诸侯推翻夏朝，建立商朝。伊尹是他的得力助手，官职相当于后世的宰相。

"哪有这样的事？"孟子摇摇头，更正道："伊尹本来是在郊野种地的隐士，他志向高远，不合乎道义的，一根草都不会献出去；同样，不合乎道义的，一根草也不会收取。汤多次聘请他出来帮忙，还送来不少礼物。伊尹说：'我要这些东西干吗？难道出去做事比我自由自在地生活在田野间、思考尧和舜的道理还要好吗？'"

"那后来他怎么又出去了？"万章问。

"他的想法变了。"孟子说，"一天，他突然说：'与其独自思索尧和舜的道理，为什么不使汤成为尧和舜那样的君主呢？为什么不使天下百姓成为尧和舜的时代那样的百姓呢？上天生育人，有先知先觉与后知后觉之分，先知先觉者的职责就是唤醒后知后觉者。我，伊尹，就是民众中的先知先觉者，如果我不站出来启发他们的知觉，还有谁能够承担这个重任呢？'"

"他就这样去汤那里了？"万章说。

孟子没有接万章的话，自顾自地说下去："他心里装的是天下苍生。人们在夏朝桀的残暴统治下处在水深火热之中，在他心里，好像是他伊尹把百姓推进水火里去似的。他就是这样以承担天下重担为志向、为己任的。于是，他去见汤，游说他讨伐夏桀，以拯救天下百姓。"

孟子曰："……非其义也，非其道也。（伊尹）一介不以与人，一介不以取诸人……思天下之民，匹夫匹妇有不被尧、舜之泽者，若己推而内之沟中，其自任以天下之重如此，故就汤而说之以伐夏救民。"

——《孟子·万章上》

志向是构成人的生命的一个基本要素，在孔子那里，它是观察人的一个指标，看一个人怎样，要看他的志向如何。孔子在 15 岁的时候就树立起了学习的志向（"吾十有五而志于学"），明确了今后的人生道路。

志向可以说是一个人的灵魂，孔子曾说过，"三军的统帅可以被劫走，一个平凡人的志向不可以被改变。"（《论语·子罕》）可以看出，志向最可贵的品质是坚定，所谓的"笃志"。

然而，志向有高低优劣之分，就像孟子说的那样，听到鸡一叫就起来的人里面，有像贤明的君主舜那样为百姓做善事的人，也有像大强盗跖那样追求私利的人。那么，什么样的志向是儒家高扬的呢？孔子的主张是"志于仁""志于道"（《论语·里仁》），孟子的说法是"尚志"，就是高尚的志向，也就是"行仁义"（《孟子·尽心上》）。志向只有与推行仁爱和根本道理相关联才有意义。如果说志向是生命的灵魂，那么道义就是志向的灵魂。

怎样才算是做到这一点？最根本的就是自觉地肩负起天下重任，将个人的命运与百姓、与社会相结合。故事中的伊尹就是这样一个人。在夏桀的统治下，民众的艰难处境并不是他一个隐士造成的，但他意识中认定这与他有关，似乎是他没有尽到责任，因为他是先知先觉者，用现在语言说就是精英，所以拯救百姓就成了他的天职，义不容辞。人们是否有条件实现这个志向并不重要，关键的是要树立起这种责任意识，儒家要求的就是这个效果。

其实，以天下为己任并不一定必须去当官，平头百姓也可以做到这一条。比方说生活中处处按照道德规范去做，同时影响别人，也可以说尽到了读书人的天职，因为这是在推行仁义。孟子说："能够施展抱负的时候，恩泽惠于百姓；无法施展抱负的时候，修养自身而显现于人间。得意时兼善天下，困窘时独善其身。"[①] 一个人无论是进还是退，是在朝还是在野，是得意还是落魄，也不管是处于盛世还是生于乱世，都可以而且也都能够做到以天下为己任。

要承担起天下重任，并不是一件容易的事情，事先一定会遇到

---

① 古之人，得志，泽加于民；不得志，修身见于世。穷则独善其身，达则兼善天下。（《孟子·尽心上》）

种种磨难。孟子说："上天打算将大任交给某个人，必定先使他心意苦恼，使他筋骨劳累，使他肚腹饥饿，使他陷于困境，使他所作所为无一不受干扰而不能如意，用这种方式震动他的心灵，坚韧他的性格，增长他的才干。"[1] 磨难是实现志向的前奏。

---

[1]　故天将降大任于是人也，必先苦其心志，劳其筋骨，饿其体肤，空乏其身，行拂乱其所为，所以动心忍性，曾益其所不能。（《孟子·告子下》）

重行动

回放

孟子建议齐国的国君齐宣王推行仁政，齐宣王觉得孟子说得有道理，但这毕竟和他以前做的不一样，感到有些为难。

孟子说："假如有个人对您说：'我的力气很大，足以举起三千斤重的东西，可是却拿不起一根羽毛；我的目力极佳，足以瞧清楚小鸟身上的绒毛，可是却看不见一车木柴。'您相信他的话吗？"

"不信。"齐宣王摇摇头，心想哪有这种事？

"好了，"孟子话锋一转，又回到仁政，"您不忍心看到一头牛被杀掉，但您的善心却不能推广到百姓身上，这是什么原因呢？"齐宣王曾经阻止人们用一头牛做祭祀。

听到问话，齐宣王不知道怎么回答。

孟子说："有举起三千斤重量的能力却拿不起一根羽毛，是因为他不肯用力气；有瞧见小鸟身上绒毛的能力却看不见一车木柴，是因为他不肯用眼睛。那么，老百姓得不到安抚，是因为大王您不肯实施恩泽。所以，您没有使天下归顺，是不肯做，而不是不能做。"

"不肯做和不能做有什么区别吗？"齐宣王问。

"让一个人胳膊下夹着泰山而越过渤海，这人说'我办不到'，这就是不能做。让他为老人折树枝，说'我办不到'，这就是不肯做。您没有实行仁政，不属于胳膊下夹着泰山越过渤海一类，而属于为老人折树枝一类。"孟子答道。

"哦？"齐宣王睁大眼睛看着孟子。

孟子继续说下去："尊敬自己的长辈，由此推广到尊敬别人的长辈；关爱自己的孩子，由此推广到关爱别人的孩子。只要这样去做，治理天下就像在手中玩弄东西那么简单。《诗经》唱道：'先给妻子做表率，然后推及兄弟，接着推广到全国。'无非是说一定要有实际行动罢了。推广恩惠就可以安抚四海，不推广恩惠连妻子儿女也安抚不了。古代圣贤之所以远远超过他人，其实没有别的，只是把善心变成善行罢了。"

孟子曰："老吾老，以及人之老；幼吾幼，以及人之幼。天下可运于掌。《诗》云：'刑于寡妻，至于兄弟，以御于家邦。'言举斯心加诸彼而已。……古之人所以大过人者无他焉，善推其所为而已矣。"

——《孟子·梁惠王上》

简　议

理论的意义在于实践，好的设想、方案、计划，如果不去实行，再高明也没有用处，这是一个浅显的道理。有一则寓言，说的是四川偏远的地方有两个和尚，一个穷一个富。一天，穷和尚找到富和尚请教："我想到南海去，你的意见如何？"富和尚问："你凭着什么去那样遥远的地方呢？""我有一个瓶子和一只碗，瓶子用来盛水，碗用来装饭。"穷和尚回答，底气十足。富和尚一笑，说："多年来我一直有个志向，租一条船去南海，但一直未能如愿，如今你只靠一个瓶子和一只碗，岂能成行！"说罢，连连摇头。一年后，穷和尚从南海回来了，富和尚还在为他的船发愁呢（彭端淑《白鹤堂诗稿·为学一首示子侄》）。故事中的齐宣王与富和尚同属一类，都有良好条件，但就是不肯行动，所以一事无成。

儒家是注重行动的学派，学有所成，就要去做，无论是做官还是当平民，都要用自己的行动影响社会。孔子、孟子就是这样去实行的。平日开课授徒，或者游说诸侯；一旦进入政界，就利用特殊地位实行自己的政治理想，总之，运用各种方式和一切机会实践儒家学说。儒家思想之所以能够成为中国文化的主干，成为民众的思维方式和生活方式，除了它的适用性外，与它重行动的主张也是分不开的。

儒家的重行动特别强调从自身、从小事做起。东汉末年有一个读书人叫陈蕃（fán），自幼胸怀平天下的大志向，常独居一室，埋头苦读。一天，他父亲的朋友来看他，见庭院凌乱不堪，就问他为什么不打扫一下。陈蕃昂然答道："大丈夫应当扫除的是天下，岂能着眼于打扫一间屋子？"老人笑了，说："连一间屋子都不愿意去打扫，又怎么能够扫除天下！"陈蕃顿时醒悟。

拾　得

　　在儒家那里，修身养性与社会责任是一个必然联系的整体。子路请教怎样才能成为一个君子，孔子说："修养自己，以至于能够形成敬畏的态度。"子路接着问："做到这一点就够了吗？"孔子答道："修养自己，以至于能够安抚周围的人。"子路又问："这样就够了吧？"孔子进一步说："修养自己，以至于能够安抚所有的百姓。"①

　　孔子的第一个回答是因材施教，专门针对子路讲的，这个学生好勇而莽撞，所以孔子要他注重修养敬畏意识，后两点具有一般意义，对每一个读书人都适用，实际上提出了自我修养的标准。这个标准有两个层面：一个是安抚周围人，包括家人在内的族人、乡人，可以说属于齐家、治国的范围；另一个层面是安抚广大百姓，属于平天下的范围。这就告诉我们，修身不是孤立的，不是为修身而修身，人格的丰满是为了齐家、治国、平天下。这样，修身就有了社会责任在里面，具有了超出个人的公众意义的性质，修身不再是个人的私事，而是与他人、社会的福祉相关联。

　　根据善的原则和道德规范来修身，用凝聚为圣贤的理想人格来改造自己，就是儒家所说的"内圣"。以齐家、治国、平天下来推

---

①　子路问君子　子曰："修己以敬。"曰："如斯而已乎？"曰："修己以安人。"曰："如斯而已乎？"曰："修己以安百姓。"（《论语·宪问》）

广道义，教化民众，用以仁政为核心的政治理想改造社会，就是"外王"。所以修身、齐家、治国、平天下又是"内圣"和"外王"的统一。

改造自己、改造社会是读书人的天职，理所当然，不可推卸。这种高度责任感通过掌握话语权的读书人的言传身教，以书籍、戏剧、图画、建筑，等等，总之一切有形的和无形的手段为媒介，推广并深入到其他阶层，经过一代又一代人的传递，终于积淀为一种民族心理，使每个社会成员都具备了对群体、国家的责任意识。于是，我们便看到了一种奇特现象，连最基本的政治权利都没有的民众，却被要求对国家的现状和前途负责任，而每每在危急关头，正是民间的精英挺身而出，承担起救国救民的重任。在这里，儒家的民本思想弥补了封建独裁捅漏了的天。

这种心理用文人的话来表达，可以概括为明代东林党人的那副著名对联："风声雨声读书声声声入耳；家事国事天下事事事关心"，用大众语言来表达，可以概括为"天下兴亡，匹夫有责"。

清朝末年，八国联军侵入北京后不久，每到晨曦，前门一带的居民就会被一阵梆子声惊醒，接着就听见胡同深处传来一声声呼喊："五更即起，现在都六更了，你们还不起吗？洋人欺负我们，当权者误国，再不起来，中国就亡喽——"呼叫的人是个没什么地位的小人物，人们叫他"六更先生"，每天都按时出现在胡同里，身上斜披一条彩带，上书"戒大烟"，手提大号竹梆，敲几下，喊几声，十几年如一日，风雨无阻。没人叫他这么做，也没人给他钱，是他自发的。责任意识深入人心的程度，由此可窥一斑。

使命精神

要承担起社会责任，
必须具有一定的精神素养。
那么，这些精神是什么呢？

当仁不让

春秋时期，晋国大贵族赵朔受株连获罪，司寇屠岸贾借机诛灭了赵氏全族。赵朔的妻子是晋国国君的姐姐，已经怀孕，逃进宫里藏了起来。

赵朔有个朋友叫程婴，还有个门客叫公孙杵臼（chǔ jiù），公孙杵臼问程婴："你的朋友遭了大难，你为什么不跟他共患难？"程婴瞧了他一眼，说："赵朔的妻子怀了孩子，如果是个男孩，我要把他带大，如果是个女孩，我再去死吧。"

不久，赵朔妻子生下一个男孩。屠岸贾进宫搜查，没找到。程婴与公孙杵臼商量对策。公孙杵臼问："扶助孤儿和死这两件事，哪个更难？"程婴答道："当然是扶助孤儿。"公孙杵臼说："好。你就勉为其难吧，我做容易的。"

两人找来一个婴儿，公孙杵臼带着他藏进了山里。程婴来到官府，说："我知道赵氏孤儿藏身的地方，只要给我一千金，我就说出来。"官府答应了。程婴带人找到山里。公孙杵臼指着程婴大骂："你这个小人！本来你我商量好的，一起解救赵氏孤儿，现在却来出卖我。"然后又向官府人说："婴儿无罪，请拿我的命换婴儿的命吧。"官府人不答应，杀了公孙杵臼和婴儿。

程婴偷偷地把赵氏孤儿从宫里带出来，躲进了深山。15年过去了，赵氏孤儿长大了，起名赵武。这时候晋国国君觉得赵朔一案处理得太过分了，有人趁机说了赵氏孤儿的事。国君把赵武接回来，让他继承赵氏家业，同时诛灭了屠岸贾一族。

到了赵武20岁那一年，程婴说："我该到九泉之下去向赵朔和公孙杵臼报告去了。"于是就自尽了。

原 文 摘 要

公孙杵臼曰："立孤与死孰难？"程婴曰："死易，立孤难耳。"公孙杵臼曰："赵氏先君遇子厚，子强为难者，吾为其易者，请先死。"……及赵武冠，为成人，程婴……遂自杀。

——《史记·赵世家》

简 议

孔子说："当仁，不让于师。"（《论语·卫灵公》）意思是，遇见人生正途上应当承担的事情，即使面对老师也不必谦让。为什么？因为这是你的责任，是你分内的事情，本来就是你应该去做的，所谓的义不容辞。因此，你必须主动地承担起职责，尽心尽力地去完成，任何不去做的理由都是推诿、托词、借口和逃避，即使理由再堂皇、再有根有据，也是苍白的、无力的、站不住脚的。在这里，谦让也是一种逃避，从态度上、精神上说，对自己应该做的事就要去争，不管对方是谁。天、地、君、亲、师，虽然老师的地位至高无上，比学生有本领，但同样不能把行仁义的事情都让给老师一人去做。

什么是当仁不让，看看上面的故事就清楚了。程婴是赵朔的朋友，朋友有难，他应该出头，这是义；公孙杵臼是赵朔的门客，主人有难，他应该援手，这是忠。所以，解救赵氏孤儿是他们分内的事，袖手旁观是要被人瞧不起的，也是要受自己良心谴责的。就这样，他俩挺身而出，一个去抚育孤儿，一个去死，都做了自己应该做的事情。他们的行为即使在今天也是合理的，因为赵朔本人并没有犯罪，他的未出生的孩子更没有罪，他们是政治斗争的牺牲品，帮助受害人就是主持正义。

对于正义的事业，承担风险是当仁不让，争取名位也是当仁不让。孔子周游列国14年，颠沛流离，凄凄惶惶，为的就是争取到一个主持政局的高位，以推行他的主张，而不是坐等别人来干这件事情。孟子也是这样，他四处游说，也是希望"闻达于诸侯"。

总之，只要是符合道义的事情就要争着去做，甚至要膨胀出这样一种心态，即只有自己才是最适合的角色。为此，孟子发出这样的感慨："当今之世，舍我其谁也？"（《孟子·公孙丑下》）说到平定天下，当今世界，除了我还有谁呢？

无所畏惧

春秋时期，楚国的国君楚文王自从得到一种名叫茹黄的猎狗和系着丝绳的短箭，便跑到云梦一带去打猎；自从得到丹阳的女子，便沉溺于美色。当时的太保也就是楚王的老师姓申，他说："大王得到猎狗和短箭，到外面去打猎三个月不回来；得到了丹阳女子，纵情美色，一年都不上朝。大王的罪名应该受到笞（chī）刑的惩罚。"笞刑就是用鞭子或者木棍一类的东西去打犯人。

楚文王说："我从离开襁褓就列位于诸侯，请您换一种刑罚吧，不要让我受笞刑。"

太保申说："臣继承先王的法令不敢违背。大王如果不受到笞刑，就是改变先王法令。臣宁可得罪大王，也不敢得罪先王。"

楚王只好勉强答应了。

太保申便把席子拉过来，请楚王趴在上面。他把50根细荆条捆成一束，跪下身子，把荆条放到楚王的背上，接着又重复了一次，然后对楚王说："起来吧！"

楚王说："既然我已经背上了笞刑的名声，你就动手打吧！"

太保申说："臣听说，对君子要让他感到心灵的耻辱，对小人要让他感到皮肉的疼痛。如果耻辱仍旧不能使他改正，疼痛又能带来什么益处？"说完，就快步走出宫门，把自己流放到深渊之畔，并请楚王治他的死罪。

楚王说："这本是我的过错，太保申何罪之有？"于是，楚王改正了错误，召回太保申，杀了猎狗，折断短箭，放还丹阳之女。后来楚国兼并了39个小国，国家疆域扩大到如此规模，有太保申一份功劳，是他进行忠言直谏的结果。

原 文 摘 要

葆申曰："……王之罪当笞。"……引席，王伏。葆申束细荆五十，跪而加之于背，如此者再，谓王："起矣！"王曰："有笞之名一也，遂致之！"申曰："臣闻君子耻之，小人痛之。耻之不变，痛之何益？"葆申趣出，自流于渊，请死罪。文王曰："此不谷之过也，葆申何罪？"王乃变更，召葆申，杀茹黄之狗，析宛路之矰（zēng），放丹之姬。后荆国兼国三十九。今荆国广大至此者，葆申之力也，极言之功也。

——《吕氏春秋·直谏》

简 议

勇是儒家大力倡导的一种意志品质，孔子对它的解释是"不畏惧"[1]。

故事中的太保申就是一个无所畏惧的人。他面对的是掌握生杀予夺大权的君王，但他没有沉默，没有听之任之，更没有曲意逢迎，而是挺身而出，指责对方的错误，并按照制度以笞刑进行惩罚。他为什么如此大胆？因为道理在他这一边，他没有私利，完全是从国

---

[1]　勇者不惧。（《论语·宪问》）

家利益出发；他没有私心，考虑的只是国君的形象，所以也就没有什么见不得人的东西，他底气很足，心中坦然得很。无私者无畏，他把个人的一切，包括生命在内，都抛到了一边，当然也就没有什么可怕的了，无所畏惧的人往往是最可怕的，正因为如此，他能以一个弱小的臣子的身份战胜强大的君王。这就告诉我们，无所畏惧来自道义。

正是立足于道义，普通人才能在那些大人物面前保持着一份精神优势和自尊。孟子这样为人们打气鼓劲：游说诸侯，你就得藐视他，不要被他高高在上的样子所吓倒。看到他的殿堂，光基座就有几丈高，屋檐宽出墙头好几尺，千万别泄气，你要这样想，我要是得意的话，绝不会像这家伙这样做；看到他吃饭的时候，面前摆满了美味佳肴，侍奉的姬妾有好几百人，千万别泄气，你要这样想，我要是得意的话，绝不会像这家伙这样做；看到他整天不是饮酒作乐就是驰骋猎场，跟随的车子上千辆，千万别泄气，你要这样想，我要是得意的话，绝不会像这家伙这样做。这家伙所做的，正是我所鄙夷的，而我要做的，则是合于天理的，我为什么要怕他？（《孟子·尽心下》）这样一想，即使再平常的人，心中也会涌动起顶天立地的豪情。

在儒家看来，无所畏惧是完成事业不可缺少的精神力量。《论语》说："读书人不能没有远大的志向和刚强的意志，因为他任重而道远。以推行仁爱为自己的责任，难道还不重大吗？直到死才终了，难道路途还不遥远吗？"[1]

---

[1] 曾子曰："士不可以不弘毅，任重而道远。仁以为己任，不亦重乎？死而后已，不亦远乎？"（《论语·泰伯》）

自 强

孔子的世系可追溯到商朝时的权贵微子，他是商朝最后一任帝王纣王的同父异母哥哥，商朝被周武王推翻后，他归顺了周朝，被封在宋，做了宋国的开国国君。他的后世子孙中有一位叫孔父嘉，是孔子的六世祖，政治斗争失败被杀，儿子跑到鲁国，地位降到士，也就是贵族与平民之间的等级。到孔子父亲孔纥（gē）这辈，孔家在鲁国已经居住了 5 代。孔纥身强力壮，臂力超常，因战功被授予大夫职位，不过他这个大夫只是一个小官职，虽然也有一份供吃饭的禄田，但所有权却是公家的，不能传给子孙。所以，孔子出身并不高贵，也不是富家，而是一个为生活奔波的士。

孔纥娶孔子母亲的时候，年纪已经很老了，前面妻子生的男孩身有残疾，这次结婚多半是为了生儿子，所以婚礼办得匆匆忙忙，一些地方也没有按照规矩来，结果被人称作"野合"。

孔子 3 岁的时候，老父亲去世了，母亲带着他离开了孔家，到鲁国都城曲阜的阙里定居，开始了艰难的生活。禄田被收走了，孤儿寡母只能自食其力，孔子很小就帮助母亲干体力活，过早地承担起养家重任。家境的贫寒并没有压垮孔子，他尽一切可能地去学习文化知识，居然初步掌握了礼、乐、射、御、书、数等"六艺"。15 岁的时候，孔子确立了追求学问的终身志向。

孔子 17 岁那年，劳苦一生的母亲永远离开了他。孔子开始独自闯荡生活。鲁国执政大夫季武子设宴招待士，孔子前往参加，被一个叫阳虎的人拦住，说季大夫宴请的是士人，不敢宴请您。孔子就是这样遭到别人羞辱的。

由于孔子熟悉礼仪规则，一些人在举办丧葬的时候请他来帮忙，这样孔子就有了一份兼职——"相礼"，也就是担当婚丧祭祀仪式主持人的助手。这时的孔子已经成家，但并没有因家室之累而放松学习，反而更加努力了。他不仅从书本上学、实践中学，还特别注意向名师学。他向鲁国的乐官师襄学过弹琴和乐理，向周王室的史官老子，还有郯（tán）子、苌（cháng）弘等人学过礼。

大约30岁的时候，孔子已经学有所成，名声远播，有人拜他为师。渐渐地投入门下的人越来越多，孔子索性办起了学校。从前的学校都是国家举办的官学，孔子的学校是个人举办的，是"私学"。就这样，孔子开始了他的教育事业，经过不懈努力，终于成为天下读书人的老师。

原 文 摘 要

孔子要绖（dié），季氏飨（xiǎng）食，孔子与注。阳虎绌曰："季氏飨食，非敢飨子也。"孔子由是退。

——《史记·孔子世家》

简 议

孔子是一个从贫困中、没落中挣扎出来的成功者，靠的是什么？两个字：自强！他以自己的成长实践了《周易》中那句著名的话：

"天道刚健有力，君子应当效法天道，自强不息。"①

孔子的成长不是一个特例。上天给了人身体和智慧，已经是最大的恩惠了，绝没有理由再给人安排妥当所要做的一切，使人不付出努力就可以摘取现成的果实。一切要做事业的人，无论个人条件是好还是不好，事情无论是大还是小，都要扫除一个个障碍，这是天理，没什么可说的。因此每个人都需要自强。

要做到自强，第一条就是要树立自我意识，也就是把自己当成主体。孔子说："行仁爱难道离我很远吗？只要我愿意实行仁爱，立刻就可以做到。"②谋事在人，做什么不做什么，主动权掌握在自己手里。

由于自己是主体，就不能怨天尤人，这是自强的第二条。这里讲的是态度，不是分析责任。在态度上，一切把原因推给环境以及他人的想法都是愚蠢的，对事业没有任何好处。孔子曾经叹息道："没有人了解我呀！"子贡问，那怎么好？对此，孔子说："不怨恨天，不责怪人，广泛学习世间知识，进而领悟深奥道理，了解我的大概只有上天吧。"③遇事不推卸责任，而是加强自身的努力，这样才能取得成绩。

不怨天尤人，出了问题就应该从自身找原因，这是自强的第三条。孟子讲过这样一件事，孔子带学生游览，听见一个小孩子唱道：

---

① 天行健，君子以自强不息。（《周易·乾·象传》）
② 子曰："仁远乎哉？我欲仁，斯仁至矣。"（《论语·述而》）
③ 子曰："莫我知也夫！"子贡曰："何为其莫知也？"子曰："不怨天，不尤人，下学而上达，知我者其天乎！"（《论语·宪问》）

"沧浪河中的流水清澈呀，可以用它洗我的帽缨；沧浪河中的流水浑浊呀，就用它洗我的双脚。"孔子深有感触，说："弟子们听好了！清澈呢，就洗帽缨；浑浊呢，就洗双脚。这都取决于河水自身啊。"然后，孟子发挥道："人一定是先有让别人侮辱的理由，然后别人才能够侮辱他；国家一定是先有了招致别人攻打的漏洞，然后别人才能够攻打它。《太甲》说：'上天降下的灾难还可以逃避，自己造就的灾难可就躲不过去了。'说的就是这个意思。"（《孟子·离娄上》）

最后，自强要求人具有独立人格。一个叫景春的纵横家对孟子说："公孙衍（yǎn）、张仪是真正的大丈夫，他们一生气，诸侯就害怕；他们平和，天下就安定下来。"纵横家是先秦百家中的一家，主要人物是战国时期从事政治外交活动的谋士，凭着灵活的头脑和伶俐的口舌，以南北联盟的合纵和东西联盟的连横为战略，游说诸侯，谋取个人富贵。公孙衍、张仪就是其中的著名人物。孟子大不以为然，说："这样的人怎能称得上大丈夫？你没学过礼吗？女儿出嫁时父母训诫她，到了夫家，一定要恭敬、警惕，千万不能违背丈夫。所以顺从是妇女的德行。"意思是说，张仪一类的人根本没有道义原则，无论是鼓吹和平还是战争，着眼的都是对方的利益和心理，完全以迎合别人的意志为前提，与嫁到别人家的女人差不多。没有独立意志的人、靠别人吃饭的人尽管可以很风光，但绝不是强者。

知其不可而为之

孔子周游列国，在卫国住了很长时间。一天，他心有所动，便拿起木槌敲击磬（qìng）。磬是一种悬挂在木架上的石制乐器，孔子精通音乐，磬声载着心声，破窗而去。

一个人从门前走过，肩上挑着草筐，停住脚步赞叹道："听呀！这是什么声音？抒发着多么博大深厚的情怀呀！"

激越的乐声突然消失了，一条小溪在深山里叮叮咚咚地流淌下来。"唉——"那人叹息一声，"水流太浅了，这就是世人的见识啊。既然难觅知音，何必一定非要别人理解您呢？没听《诗》中唱道：'遇见河水深，搬来石头垫高脚；要是河水浅，撩起衣裳蹚过去。'与其苦苦等待，还不如打发自己上路呢。"

孔子放下木槌，对着门外说："高见呀！可惜您没有怀抱我这样的志向。我要是像您那样善于放弃，就没有这么多困难了。"

后来，孔子到了楚国。一天，乘车出门，一个人唱着歌飘然而过，他披头散发，狂放不羁，好像是专门冲着孔子而来的。就听歌中唱道：

凤凰啊！凤凰啊！
样子为何如此落魄？
过去的不可挽回，
未来的尚能把握。

离去吧，离去吧！

现在从政的人没一个不危之又危。

孔子急忙吩咐停车，想下去和他谈一谈。但那人像风一样，很快就去远了。

子击磬于卫，有荷蒉（kuì）而过孔氏之门者，曰："有心哉，击磬乎！"既而曰："鄙哉，硁（kēng）硁乎？莫己知也，斯已而已矣。'深则厉。浅则揭。'"子曰："果哉！末之难矣。"

——《论语·宪问》

楚狂接舆歌而过孔子曰："凤兮！凤兮！何德之衰？往者不可谏，来者犹可追。已而，已而！今之从政者殆而！"孔子下，欲与之言。趋而避之，不得与之言。

——《论语·微子》

简议

子路清晨进曲阜城的石门，守门人问他从哪里来？他回答从孔家来。守门人说："是知其不可而为之者与？"（《论语·宪问》）意思是说，就是那位明明知道行不通还一定要去做的人吗？这话代表了当时许多人对孔子的看法，不光是鲁国人，也包括故事中的卫国人和楚国人。其实，孔子自己又何尝不知道他的事业所面临的重重困难，先是在故乡鲁国推行仁政失败，继而在其他诸侯国四处碰壁，即使说破了嘴皮，仍然无人喝彩，更无人接受。他的学生子路明确表示过："至于政治理想无法实现，是我们早就知道了的事情。"①

然而尽管失意接着失意，冷落接着冷落，甚至无家可归，浪迹四方，但孔子仍不改初衷，像故事中所说的那样，决不放弃自己的责任，对不可挽回的过去绝不悔恨，对未来给予他更改志向的机会绝不利用。明明知道行不通，为什么还硬要去做呢？是缺乏智慧吗？

不。孔子这样做，恰恰是大智慧的表现。他做的虽然是一件件具体的事，但坚守的是"道"，是天下人间的根本道理。这道理用现在的话来说，包括了对规律的认识。譬如，为政以德，要求执政者必须以身作则，必须对全社会进行道德教育，必须以民为本，这就是执政规律，不管什么样的社会都一定要遵循，否则就要出乱子。能够认识到道德在建立社会秩序中的重大作用，并为之奔走呼号，难道不是大智慧吗？

孔子的时代是一个乱世，社会处在转型期，原先的制度、秩序、道德已经崩裂，新的东西尚未确立。在这样一个思想和现实都失去统一标尺的时代，孔子主张克制一己之私，恢复被破坏了的"周礼"，看似迂腐，其实不然。"周礼"不光是一个形式，其中包含了人伦道德的绝对成分，诸如仁爱、守信、等等，这些是超历史的，是任何社会所必需的。不被眼前现实所迷惑，咬定真理不放松，并身体力行，这难道不是大智慧吗？

---

① 君子之仕也，行其义也。道之不行，已知之矣。（《论语·微子》）

后来的事实证明，孔子是有远见的，他的理想虽然没有全部实现，但社会基本上接受了他的主张，形成了具有儒家思想鲜明特征的民族思维方式和生活方式。

"知其不可而为之"不是一般的坚定，而是以理想、信念和责任为支撑，包含了道义在里面。尽管带着几分悲怆和无奈，但更多的是感动。

拾 得

本节谈到的当仁不让、无所畏惧、自强、知其不可而为之的精神，指向的都是个人努力，也就是人为。在儒家看来，只有积极进取的人生，才能承担起修身、齐家、治国、平天下的使命。然而，在前面我们又说儒家主张敬天命，认为存在着一种个人努力所控制不了的力量，它就是上天对人的命运的安排，而面对命运，人不能硬扛，应该服从。一方面是天命，另一方面是人为，如何处理这个矛盾呢？

首先，儒家对天命和人为这两种力量起作用的范围进行了划分。人的贵贱、贫富、生死、福祸，等等，取决于上天安排，由命运支配。人的身份贵贱不用说了，那纯粹由出身来决定，而生在谁家，完全是天数，即便是看上去由人造成的福祸，也有上天的手在操纵。《塞翁失马》的寓言讲的就是这个意思，住在边塞的一户人家跑失了一匹马，后面发生的一连串事情，无论是福还是祸，没一件人能够掌控，件件都不可思议。

然而，在行善还是行恶、学习还是不学习、担负社会责任还是逃避责任、出来救世还是独善其身等方面，就取决于人为了。譬如同是乱世，有孔子一类怀抱着理想而奔波于诸侯之间的人，也有像故事中挑筐人和唱歌人那样隐居的智者，采取怎样的态度，选择怎样的人生，是由自己决定的。人的这种主动性特别明显地表现在与道义的关系上，孟子就是这样看的，道义这种东西，你寻求就能得到，不寻求就会丧失，因为它是人与生俱来的，不在别的地方，就在你自己心中（《孟子·尽心上》）。

具体到某一件事，时常是天命与人为交错在一起。上文谈孔子的事业时引用了子路的一句话："至于政治理想无法实现，是我们早就知道了的事情。"讲的就是天命。这话前面还有一句话："君子出来从政，是做道义上应该做的事。"讲的则是人为。谋事在人，成事在天，儒家就是这样把天命与人为统一起来的。

其次，儒家少谈天命，多谈人为。尽管天命掌管着人的命运，决定着事业的成败，但那毕竟是一个神秘的、人力之外的领域，所以儒家不把主要精力放在思考天命上。《论语》说："孔子很少主动谈起有关利益、天命与行仁的问题。"[1]有人问就谈，没人问不主动谈，因为这些问题很复杂，很难讲全讲深，容易引起误解。仁是篇大文章，涉及人的本性、根本道理、现实生活、道德政治，等等，要针对具体对象来谈。至于天命，承认它、敬畏它就够了。另外，如果过于强调天命，会带来消极后果，使人容易形成听天由命的心理，而这正与儒家所倡导的积极进取态度相背离，所以后来的儒家学者，譬如朱熹，就尽量不谈天命，并一再强调"天理"不是天命。

再次，如果一定要在天命与人为之间做出抉择的话，儒家倾向于人为。如果说孟子的那句"天时不如地利，地利不如人和"的名言，还只是一定程度上流露出了对人力的侧重，那么，荀子的"顺

---

① 子罕言利与命与仁。（《论语·子罕》）

从天而一味地颂扬它，哪如驾驭天命而利用它"[1]的话，则基本上倒向人力了，至于后人如柳宗元主张的"人胜天"[2]的思想，则完全把人力放在天力之上。

---

[1] 从天而颂之，孰与制天命而用之？（《荀子·天论》）

[2] 人胜天，则善者行。（柳宗元《答刘禹锡天论书》）

图书在版编目（CIP）数据

儒家第一课 / 高路著. —北京：中国国际广播出版社，2017.10
（2020.7重印）
（中华优秀传统文化是什么）

ISBN 978-7-5078-4056-8

Ⅰ. ① 儒… Ⅱ. ① 高… Ⅲ. ① 儒家－通俗读物 Ⅳ. ① B222-49

中国版本图书馆CIP数据核字（2017）第162587号

儒家第一课

著　　者	高　路
策　　划	王钦仁　张娟平
责任编辑	笈学婧
版式设计	国广设计室
责任校对	徐秀英

出版发行	中国国际广播出版社［010-83139469　010-83139489（传真）］
社　　址	北京市西城区天宁寺前街2号北院A座一层
	邮编：100055
网　　址	www.chirp.com.cn
经　　销	新华书店
印　　刷	日照教科印刷有限公司

开　　本	640×940　1/16
字　　数	200千字
印　　张	19.5
版　　次	2017 年 10 月　北京第一版
印　　次	2020 年 7 月　第二次印刷
定　　价	36.00 元